Highlights

똑똑해지는
101 마리

공룡 박사

숨은그림찾기, 미로찾기, 다른그림찾기, 공통점 찾기
재치 있는 영어 수수께끼, 공룡 스도쿠

아라미

공룡들의 이름

여러분이 자주 만날 수 있는 101종류의 공룡 이름을 소개합니다.

Acrocanthosaurus	아크로칸토사우루스	Dracovenator	드라코베나토르
Albertosaurus	알베르토사우루스	Dryosaurus	드리오사우루스
Allosaurus	알로사우루스	Edmontonia	에드몬토니아
Amazonsaurus	아마존사우루스	Edmontosaurus	에드몬토사우루스
Anchiornis	안키오르니스	Elaphrosaurus	엘라프로사우루스
Ankylosaurus	안킬로사우루스	Fabrosaurus	파브로사우루스
Antrodemus	안트로데무스	Falcarius	팔카리우스
Anzu	안주	Fruitadens	프루이타덴스
Apatosaurus	아파토사우루스	Fukuiraptor	후쿠이랍토르
Archaeopteryx	아르카이오프테릭스(시조새)	Galeamopus	갈레아모푸스
Argentinosaurus	아르젠티노사우루스	Gallimimus	갈리미무스
Avaceratops	아바케라톱스	Giganotosaurus	기가노토사우루스
Avimimus	아비미무스	Gorgosaurus	고르고사우루스
Balaur	발라우르	Gryponyx	그리포닉스
Bambiraptor	밤비랍토르	Gryposaurus	그리포사우루스
Barapasaurus	바라파사우루스	Hadrosaurus	하드로사우루스
Barosaurus	바로사우루스	Haya	하야
Beibeilong	베이베일롱	Hippodraco	히포드라코
Bellusaurus	벨루사우루스	Hungarosaurus	헝가로사우루스
Brachiosaurus	브라키오사우루스	Iguanodon	이구아노돈
Brachylophosaurus	브라킬로포사우루스	Irritator	이리타토르
Brontosaurus	브론토사우루스	Kol	콜
Camptosaurus	캄프토사우루스	Kritosaurus	크리토사우루스
Ceratosaurus	케라토사우루스	Lambeosaurus	람베오사우루스
Corythosaurus	코리토사우루스	Lamplughsaura	람플루그사우라
Crichtonsaurus	크리크톤사우루스	Maiasaura	마이아사우라
Diabloceratops	디아블로케라톱스	Maxakalisaurus	막사칼리사우루스
Diamantinasaurus	디아만티나사우루스	Megalosaurus	메갈로사우루스
Dilong	딜롱	Mei	메이
Diplodocus	디플로도쿠스	Micropachycephalosaurus	미크로파키케팔로사우루스
Draconyx	드라코닉스	Microraptor	미크로랍토르
Dracorex	드라코렉스	Mojoceratops	모조케라톱스

과학자들은 지금까지 약 1,000종류의 공룡을 발견했어요. 앞으로도 새로운 종류의 공룡들이 더 발견될 거예요. 여러분도 새로운 공룡들을 찾아내고 싶은가요? 도전해 보세요!

Nanosaurus	나노사우루스	Yi qi	이 치
Nanotyrannus	나노티라누스	Yinlong	인롱
Ornitholestes	오르니톨레스테스	Yutyrannus	유티라누스
Oviraptor	오비랍토르	Zby	즈비
Paluxysaurus	팔룩시사우루스	Zuul	주울
Parasaurolophus	파라사우롤로푸스		
Pawpawsaurus	파파사우루스		
Pentaceratops	펜타케라톱스		
Pisanosaurus	피사노사우루스		
Proa	프로아		
Rhinorex	리노렉스		
Saltasaurus	살타사우루스		
Sarahsaurus	사라사우루스		
Sauroposeidon	사우로포세이돈		

공룡과 함께 살았던 파충류들

Ichthyosaur	이크티오사우루스
Jeholopterus	제홀로프테루스
Mosasaur	모사사우루스
Nothosaur	노토사우루스
Plesiosaur	플레시오사우루스
Pterodactyl	프테로닥틸
Pterosaur	프테로사우루스

Serendipaceratops	세렌디파케라톱스
Shaochilong	샤오칠롱
Spinosaurus	스피노사우루스
Stegoceras	스테고케라스
Stegosaurus	스테고사우루스
Supersaurus	슈퍼사우루스
Syntarsus	신타르수스
Tawa	타와
Thescelosaurus	테스켈로사우루스
Trachodon	트라코돈
Triceratops	트리케라톱스
Troodon	트로오돈
Tyrannosaurus rex	티라노사우루스 렉스
Utahraptor	유타랍토르
Velociraptor	벨로키랍토르
Vulcanodon	불카노돈
Wannanosaurus	완나노사우루스
Wendiceratops	웬디케라톱스

공룡 이름의 뜻은?

공룡을 뜻하는 영어, 다이노소어(Dinosaur:디노사우루스)는 고대 그리스어로 '끔찍한(deinos) 도마뱀(sauros)이라는 뜻이에요. 공룡이 도마뱀 종류는 아니지만 사람들이 공룡 화석을 처음 찾았을 때는 도마뱀이라고 생각했거든요. 대부분의 공룡 이름은 각 공룡의 특징을 담은 그리스어나 라틴어로 지어졌어요. 아래에는 각 단어의 뜻이 무엇인지 나와 있어요.

공룡 이름의 어원 = 뜻

- **allo** 알로 = **different** 다른
- **bronto** 브론토 = **thunder** 천둥
- **cerato** 케라토 = **horn** 뿔
- **diplo** 디플로 = **double** 두 배
- **docus** 도쿠스 = **beam** 기둥
- **maia** 마이아 = **good mother** 좋은 엄마
- **micro** 미크로 = **small** 작은
- **ops** 오프스 = **face** 얼굴
- **ovi** 오비 = **egg** 알
- **penta** 펜타 = **five** 다섯
- **raptor** 랍토르 = **robber** 강도
- **sauros** 사우로스 = **lizard** 도마뱀
- **stego** 스테고 = **roof** 지붕
- **tri** 트리 = **three** 셋
- **tyrannos** 티라노스 = **tyrant** 폭군
- **velox** 벨록스 = **swift** 빠른

재미있는 사실

1903년부터 과학자들은 '브론토사우루스'라는 이름이 이미 연구된 '아파토사우루스'라는 공룡에게 잘못 이름 붙여졌다고 생각했다. 하지만 2015년, 화석 연구 결과 브론토사우루스와 아파토사우루스는 충분히 다른 공룡이라는 연구가 발표되었다.

왼쪽 페이지의 공룡 이름의 뜻을 보고
아래 공룡의 이름이 어떤 뜻인지 적어 보세요.

Allosaurus 알로사우루스 _____

Brontosaurus 브론토사우루스 _____

Diplodocus 디플로도쿠스 _____

Maiasaura 마이아사우라 _____

Microraptor 미크로랍토르 _____

Oviraptor 오비랍토르 _____

Pentaceratops 펜타케라톱스 _____

Stegosaurus 스테고사우루스 _____

Triceratops 트리케라톱스 _____

Tyrannosaurus 티라노사우루스 _____

Velociraptor 벨로키랍토르 _____

새로운 공룡 이름을 만들어 보세요.

_____

나만의 공룡을 상상해서 그려 보세요.

재치 있는 영어 수수께끼

Why is the word 'dinosaur' not really a misnomer?
왜 '다이노소어(공룡:끔찍한 도마뱀)'는 잘못 붙인 이름이 아닌가요?

_____

Why was the fossil so tense?
화석은 왜 그렇게 긴장했을까요?

_____

이곳을 파 보세요!

고생물학자가 화석을 발굴할 수 있게 도와주세요.

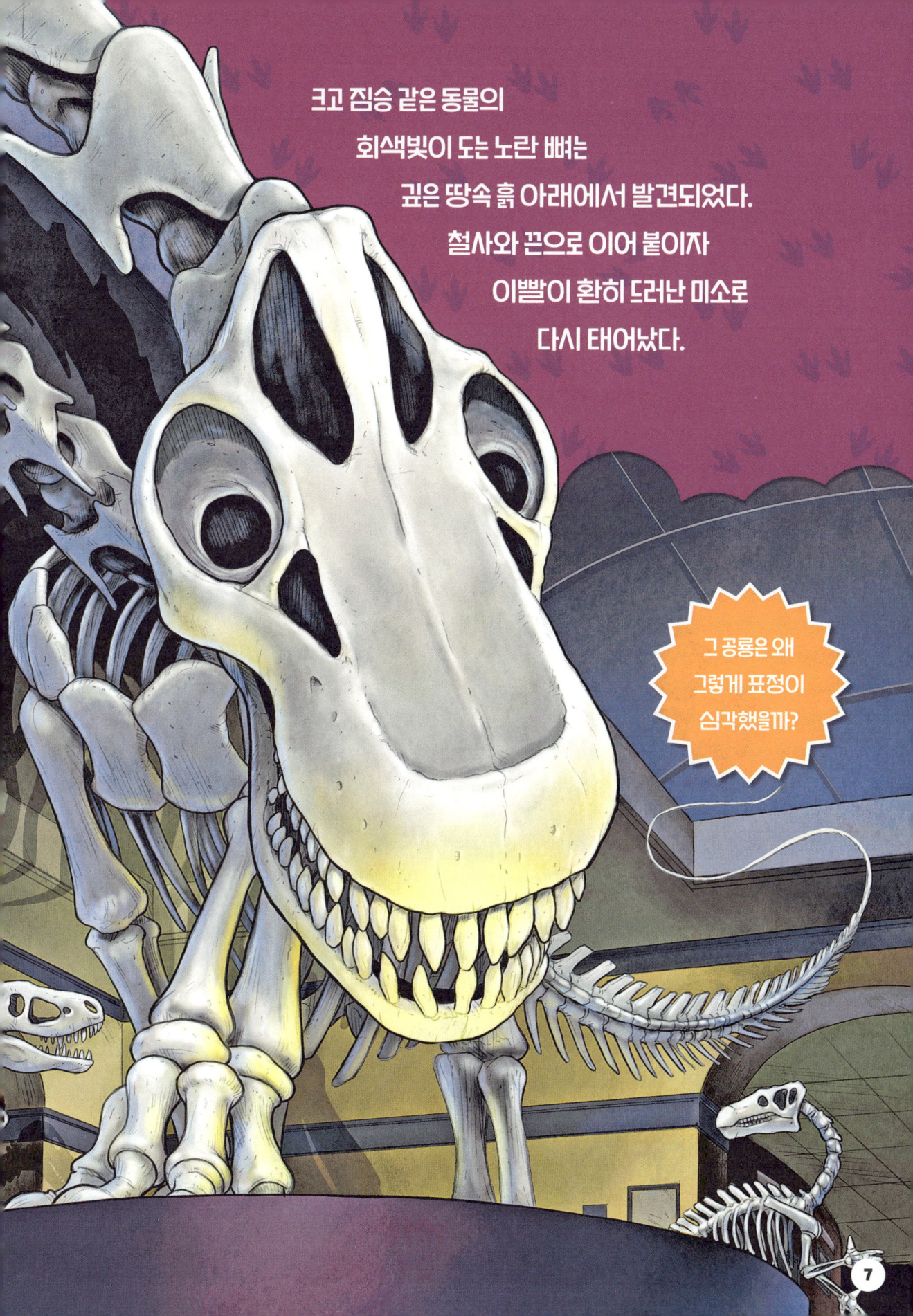

이상한 그림 찾기

공룡 박물관 속 이상한 그림을 찾아보세요.

공룡 알파벳 퀴즈

키가 약 18미터인 사우로포세이돈(SAUROPOSEIDON)은 지금까지 발견된 공룡 중 가장 커요.
퀴즈의 정답을 아래 알파벳들을 이용해 영어 단어로 만드세요.
그런 다음 영어 단어를 빈칸에 쓰세요.

SAUROPOSEIDON

1. 세수할 때 쓰는 것은? ___ ___ ___ ___
2. 하늘에서 내리는 물은? ___ ___ ___ ___
3. 영어로 '말린 자두'는? ___ ___ ___ ___ ___
4. 요리사가 두르는 옷은? ___ ___ ___ ___ ___
5. 수프를 먹을 때 쓰는 것은? ___ ___ ___ ___ ___
6. 건반이 많은 악기는? ___ ___ ___ ___ ___
7. '실외'의 반대말은? ___ ___ ___ ___ ___ ___
8. 과일이나 초콜릿을 얹은 아이스크림 디저트는? ___ ___ ___ ___ ___
9. 다리가 8개 달린 절지동물은? ___ ___ ___ ___ ___ ___
10. '일몰'의 반대말은? ___ ___ ___ ___ ___ ___

어떤 공룡이 사진 찍히기를 좋아하나요?

아래 그림에서 페인트 붓 22개를 찾아보세요.

흥미로운 과학적 질문들

긴 목을 가진 초식 공룡들은 왜 목이 길었을까요?

초식 공룡들은 어떻게 다른 공룡으로부터 자신을 보호했을까요?

긴 목을 가진 초식 공룡들이 실제로 어떻게 살았는지는 아무도 모르지만 우리는 화석 연구를 통해 몇 가지 생각을 해 볼 수 있어요. 브라키오사우루스는 5층 건물 높이만큼이나 컸어요. 긴 목으로 아마 기린처럼 높은 곳에 있는 나뭇잎을 따 먹을 수 있었을 거예요. 하지만 모든 초식 동물들의 목이 다 길게 진화되지는 않았어요. 어떤 과학자는 아파토사우루스가 무거운 몸을 움직이지 않고도 나뭇잎을 먹을 수 있었다고 생각해요. 마치 진공청소기처럼 긴 목을 휘두르며 나뭇잎들을 빨아들였을지도 모른다고요. 긴 목 초식 공룡은 그 거대한 덩치만으로도 자기 자신을 잘 보호할 수 있었을 거예요.

긴 목 공룡의 발자국은 둘레가 1미터 정도로, 우리가 그 안에서 목욕을 해도 될 정도지요! 어떤 과학자는 긴 목 공룡들이 긴 꼬리를 휘두르는 힘이 매우 빠르고 셌을 거라 생각해요. 적이 왔을 때 그 꼬리로 자신을 충분히 보호할 수 있었을 거라고요. 커다란 초식 공룡이 꼬리를 휘두르는 속도는 시속 960킬로미터보다 빨랐을 거라 생각한답니다.

> 어린 디플로도쿠스는 자기 아빠를 어떻게 보았을까요?

흥미로운 과학적 질문들

용은 정말로 있었을까요?

용은 상상의 동물이고, 공룡은 실제 있었던 동물이에요. 하지만 신화 속 용은 공룡의 특징을 많이 갖고 있어요. 아마 우연히 공룡 뼈를 본 옛날 사람들이 용이라는 동물을 상상해 내고 신화를 만들었을 거예요. 그래서인지 중국어에서는 '공룡'도 '용'이라 부르지요.

재미있는 사실
발라우르(Balaur)라는 공룡의 이름은 로마 신화에 나오는 용의 이름에서 따왔어요.

어떤 공룡일까?

아래 색깔 있는 알파벳들을 같은 색 빈칸에 순서대로 써 보세요. 그러면 6종류의 공룡 이름을 알 수 있어요. 그 공룡 이름에는 '용'이라는 뜻이 들어 있지요.

D H S D D R H Y R A I A C P I A O P O I V C N C E O H N
D I L O A L L O T R O N A O N N C G Y O N X R O G G

"emperor dragon" 황제 용 _____

"dragon claw" 용 발톱 _____

"dragon hunter" 용 사냥꾼 _____

"horse dragon" 말 용 _____

"shark-toothed dragon" 상어 이빨 용 _____

"hidden dragon" 숨겨진 용 _____

티라노사우루스 누구?

티라노사우루스 렉스에서 렉스(REX)는 왕이라는 뜻이에요. 이처럼 티라노사우루스와 다른 걸 합칠 때마다 '렉스' 대신 다른 이름을 붙여 준다면 재미있는 공룡 이름이 탄생할 거예요. 알맞은 이름이 쓰인 알파벳을 각 빈칸에 써 보세요.

어떤 이름이 탄생할까? 만약 티라노사우루스와...

____ 1. 알파벳을 합치면?

____ 2. 은행을 합치면?

____ 3. 보디빌더를 합치면?

____ 4. 닭을 합치면?

____ 5. 카우보이를 합치면?

____ 6. 탐험가를 합치면?

____ 7. 기린을 합치면?

____ 8. 시력을 검사하는 사람을 합치면?

____ 9. 영화관을 합치면?

____ 10. 마법사를 합치면?

A. Tyrannosaurus checks
티라노사우루스 첵스(수표)

B. Tyrannosaurus flex
티라노사우루스 플렉스(몸 풀다)

C. Tyrannosaurus hex
티라노사우루스 헥스(마법 걸다)

D. Tyrannosauus multiplex
티라노사우루스 멀티플렉스(복합 상영관)

E. Tyrannosaurus necks
티라노사우루스 넥스(목)

F. Tyrannosaurus pecks
티라노사우루스 펙스(쪼다)

G. Tyrannosaurus specs
티라노사우루스 스펙스(안경)

H. Tyrannosaurus Tex.
티라노사우루스 텍스(텍사스)

I. Tyrannosaurus treks
티라노사우루스 트렉스(오지 여행)

J. Tyrannosaurus X
티라노사우루스 엑스(X)

공룡 숨바꼭질

공룡 친구들이 숨바꼭질을 하고 있어요.
양쪽 그림을 살펴보고 서로 다른 그림을 찾아보세요.

재치 있는 영어 수수께끼

How can you best raise a baby dinosaur?
새끼 공룡을 키우는 방법은 무엇일까요?

How do baby dinosaurs hatch?
새끼 공룡은 어떻게 알을 깨고 나올까요?

흥미로운 과학적 질문들

새끼 티라노사우루스 렉스는 얼마나 클까요?

우리는 티라노사우루스 렉스가 무척 큰 공룡이라고 알고 있어요. 하지만 티라노사우루스도 새끼일 땐 꽤나 작았어요. 지금까지 발견된 티라노사우루스 렉스의 뼈 중 가장 작은 것은 골든레트리버 개 정도의 크기예요. 과학자들은 이 작은 티라노사우루스 렉스가 2살쯤 되었던 것으로 생각해요. 처음 알에서 부화한 새끼는 고양이 정도의 크기고, 다 자란 티라노사우루스 렉스는 몸무게가 약 6톤에 머리부터 꼬리까지 길이가 12미터, 키가 4미터에 이르게 돼요.

티라노사우루스 렉스가 얼마나 빨리 자라는지를 알기 위해 과학자들은 7개의 각기 다른 나이의 티라노사우루스 렉스의 뼈를 연구했어요. 그래서 태어난 지 14년에서 18년 사이에 가장 빨리 자란다는 걸 알아냈지요. 이때 티라노사우루스 렉스는 매일 몸무게가 2킬로그램씩 늘어요. 1년이면 자동차 무게의 반만큼 더 무거워지지요. 20년이면 완전히 다 자라요.

새끼 공룡의 놀이

이웃집 공룡 가족이 놀러 왔어요. 똑같은 알파벳이 2개씩 있는 것을 지우세요.
남은 알파벳을 순서대로 쓰면 수수께끼의 답을 알 수 있어요.

BB	EE	WH	FF	VV	GG	JJ
DD	SS	AA	EE	EN	AA	OO
LL	IT	NN	YY	RR	FF	UU
QQ	WW	HH	DR	PP	DD	NN
BB	IB	XX	MM	CC	YY	BL
GG	KK	AA	ZZ	ES	PP	TT

새끼 공룡이 농구를
잘하게 되는 때는 언제인가요?

___ ___ ___ ___ ___

___ ___ ___ ___

박물관에서

여러분이 공룡이 아니라면 자연사 박물관은 무척 재미있는 곳이에요. 숨은 그림을 찾아보세요.

조각 케이크
slice of cake

건전지
battery

도끼
ax

당근
carrot

물고기
fish

갈퀴
rake

캔디 콘
(옥수수 낱알 모양 사탕)
candy corn

머핀
muffin

확성기
megaphone

바나나
banana

국자
ladle

전구
light bulb

하모니카
harmonica

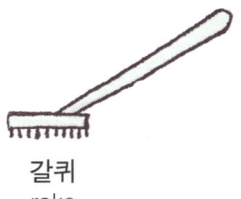

진실 혹은 거짓

아래 문제를 읽고 진실과 거짓을 찾아보세요.

1. 육식 공룡 중 가장 큰 공룡은 스피노사우루스다. 물속에서 살면서 자동차 크기만 한 물고기를 잡아먹었을 것이다.

진실 혹은 거짓

2. 아르메니아에서 공룡 신발의 잔해가 발견되었다.

진실 혹은 거짓

3. 스테고사우루스와 티라노사우루스 렉스는 각각 다른 시기에 살았다. 그 시간의 간격은 티라노사우루스 렉스가 살았던 시기와 인간이 나타났던 시기의 간격보다 더 크다.

진실 혹은 거짓

4. 공룡은 인간보다 더 오래 지구에 존재했다.

진실 혹은 거짓

5. 벨로키랍토르는 깃털로 덮여 있었다.

진실 혹은 거짓

6. 디플로도쿠스 같은 거대한 공룡은 농구 코트보다 더 길다.

진실 혹은 거짓

7. 티라노사우루스는 팔 길이가 너무 짧아서 셀카 봉을 발명했다.

진실 혹은 거짓

8. 공룡은 발레를 할 때 긴 꼬리로 균형을 잡았다.

진실 혹은 거짓

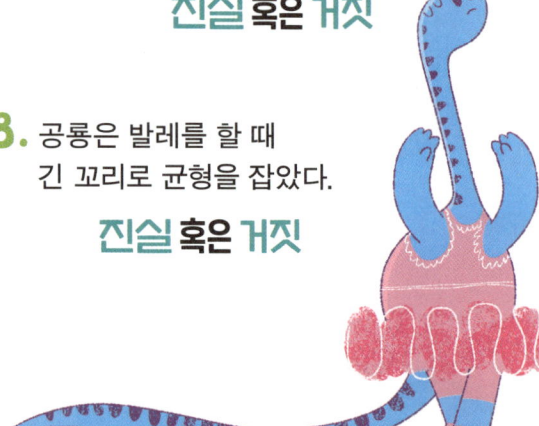

같은 그림 찾기

똑같이 생긴 공룡끼리 짝지어 보세요. 짝이 없는 공룡은 무엇인가요?

도서관에서

아래 글상자 안에는 소리가 나지 않는 알파벳이 있는 단어들이 있어요.
그 단어들을 오른쪽 표에서 찾아 가로, 세로, 대각선으로 찾아 묶으세요.
알파벳 순서가 거꾸로 된 것도 있으니 참고하세요.
남은 글자를 왼쪽에서 오른쪽으로, 위에서 아래로 순서대로 빈칸에 쓰면 수수께끼를 풀 수 있어요.

BALLET 발레
CLIMB 등산
COMB 머리빗
DEPOT 창고
GHOST 유령
GNAW 쏠다
HONEST 정직한
HOUR 시간
KNEE 무릎
KNIGHT 기사
KNOB 손잡이
KNOCK 노크
KNOT 매듭
LAMB 새끼 양
SWORD 검
THUMB 엄지
TWO 둘
WHALE 고래
WRIST 팔목
WRITE 쓰다
WRONG 틀린

사서 선생님이 가장 좋아하는 선사 시대 생물은?

재치 있는 영어 수수께끼

What is a paleontologist's favorite book?
고생물학자가 가장 좋아하는 책은 무엇일까요?

Why is the rock angry?
바위는 왜 화가 났을까요?

What is a paleontologist's favorite period?
고생물학자가 가장 좋아하는 시대는 어느 시대일까요?

흥미로운 과학적 질문

공룡 화석과 일반 뼈를 어떻게 구별하나요?

일반 뼈와 공룡 화석은 쉽게 구별할 수 있어요. 일반 뼈는 새로운 뼈일수록 칼슘이 많이 들어 있어서 비교적 하얗게 보입니다. 일반 뼈는 속에 작은 빈 공간이 많아서 무게도 가볍습니다. 반면에 공룡 화석은 그 작은 빈 공간들에 광물들이 많이 들어가 채워지므로 돌처럼 무겁고 색이 어두우며 딱딱합니다.

다른 그림 찾기

공룡 화석 발굴 현장 속 다른 그림을 찾아보세요.

반려 공룡이 있다면…

반려 공룡은 절대 벼룩이 생기지 않아요.
절대 신발을 물어뜯지도 않고요.

고양이를 나무 위로 쫓아내지도 않고,
신문을 잘근잘근 씹지 않고 읽지요.

벽이나 가구를 긁어 대지도 않고
1부터 6까지 셀 수도 있어요.

반려 공룡은 위험하지 않아요.
함께 있으면 정말 재미있지요.

반려 공룡이 있어서 나쁜 점은…
모르겠어요. 하나 말해 볼래요?

칫솔 암호

칫솔 색깔에 따라 아래 빈칸에 알파벳을 써 보세요.
수수께끼의 정답을 알 수 있답니다.

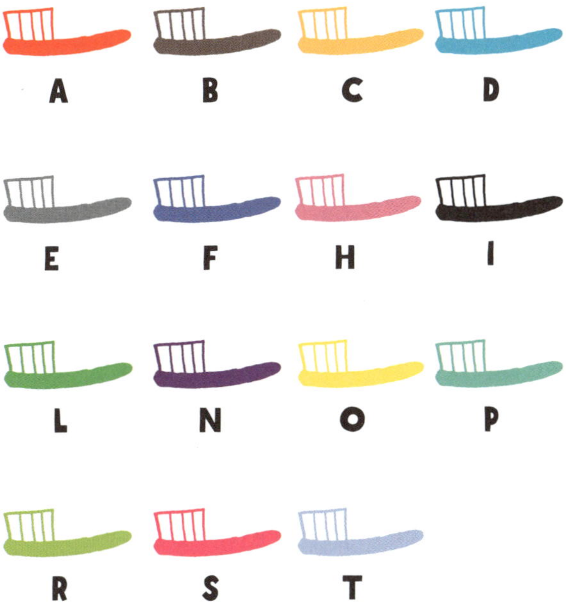

1. 이빨을 늘 깨끗이 유지하는 공룡을 뭐라고 부를까요?

2. 공룡 치과 의사가 가장 좋아하는 게임은 무엇일까요?

3. 이빨이 아픈 공룡을 뭐라고 부를까요?

공룡 게임

아래 설명글을 보고 정답을 알아맞혀 보세요.
그런 다음 오른쪽 빈칸에 정답을 영어 단어로 쓰세요.

가로

2. 사막에서 보는 상상 속의 풍경
4. 우리가 숨 쉴 수 있게 하는 것
5. 고기를 돼지 창자에 넣어 만든 것
6. 큰 관심을 불러일으키는 중심 문제
7. 스페인어로 '안녕히 가세요.'
8. 손을 씻으면 없앨 수 있는 것
9. 입에서 불을 뿜는 전설 속 동물
11. 물을 빼내거나 물이 빠져나가는 곳
14. 무계획적, 무작위적으로 된 일
16. 생각이나 발상 및 견해
18. 포장이 되었거나 포장이 안 된 것
19. 폭신폭신한 생크림 디저트
20. 맛이 달고 물에 잘 녹는 것
23. 청바지를 만드는 천의 이름
24. 불쾌하고 시끄러운 소리
25. 큰 공간에서의 일정 부분이나 구역
27. 음식의 종류와 가격을 적은 것

세로

1. 사람의 양어깨에 달려 있는 것
3. 할아버지의 아내
5. 봄, 여름, 가을, 겨울
10. 뛰어난 지능을 가진 사람
12. 음악, 뉴스 방송을 듣게 해 주는 장치
13. 막대를 두드리며 연주하는 리듬 악기
15. 말이나 사자의 목덜미에 난 털
17. 다른 사람을 안전하게 지키는 사람
21. 사람의 식량이 되는 곡식
22. 음식 값이 싼 작은 식당
24. 다른 것과 구별하기 위해 사람, 사물에 붙이는 것
25. 이 세상에 태어나서 살아온 햇수
26. '오래전에'를 영어로 하면 'A long time ___'

공룡이 가장 좋아하는 게임은?

재미있는 공룡 이름

브리키오사우루스

BRICKIOSAURUS
벽돌

소아사우루스

SAWASAURUS
톱

아파나사우루스

APANASAURUS
팬

스테고월러스

STEGOWALRUS
바다코끼리

스파이더사우루스

SPIDERSAURUS
거미

티라노사우루스 락스

TYRANNOSAURUS ROCKS
돌

진짜일까, 가짜일까?

아래 공룡 이름 중 진짜 이름 6개와 가짜 이름 6개를 골라 보세요.
그리고 빈칸에 새로운 공룡 이름을 만들어 써 보세요.

- **Brachiosaurus** 브라키오사우루스
- **Trainasaurus Wrecks** 트레이나사우루스 렉스
- **Tricherrytops** 트리체리톱스
- **Allosaurus** 알로사우루스
- **Apatosaurus** 아파토사우루스
- **Tetrahedrasaurus** 테트라히드라사우루스
- **Whineodon** 와이니오돈
- **Stellaceratops** 스텔라케라톱스
- **Iguanodon** 이구아노돈
- **Megalosaurus** 메갈로사우루스
- **Iwanasaurus** 이와나사우루스
- **Sarahsaurus** 사라사우루스

_____   _____

_____   _____

특별한 공룡 그리기

여러분만의 재미있게 생긴 공룡을 그린 뒤 이름을 붙여 보세요.

공룡 암호

오른쪽 밑줄 아래에 숫자가 두 개씩 쓰여 있어요.
예를 들어 2-3은 2번 공룡 이름의 3번째 알파벳을 뜻해요.
2번 AVACERATOPS에서 3번째 알파벳 A를 가리키지요.
빈칸을 전부 채우면 수수께끼의 정답을 알 수 있어요.

재미있는 사실

노스캐롤라이나 자연사 박물관은 세상에서 가장 완전한 아크로칸토사우루스의 골격을 자랑해요.

공룡들의 이름

1. ACROCANTHOSAURUS 아크로칸토사우루스
2. AVACERATOPS 아바케라톱스
3. BAMBIRAPTOR 밤비랍토르
4. DIABLOCERATOPS 디아블로케라톱스
5. FALCARIUS 팔카리우스
6. GORGOSAURUS 고르고사우루스
7. KRITOSAURUS 크리토사우루스
8. MOJOCERATOPS 모조케라톱스
9. PALUXYSAURUS 팔룩시사우루스
10. PAWPAWSAURUS 파파사우루스

6천 6백만 년 된 공룡을 뭐라고 부르나요?

A___ ___ ___ ___ ___ ___ ___
2-3 5-1 8-4 4-14 6-6 7-3 9-3

여러분은 프랑스 화석에게 어떻게 인사하나요?

"___ ___ ___ ___ - ___ ___ ___ ___!"
3-1 6-2 1-7 4-8   8-3 3-10 9-9 10-10

화석들은 어떻게 우편물을 받나요?

___ ___   ___ ___ ___ ___
3-1 9-6   4-4 2-9 1-7 9-6

___ ___ ___ ___ ___ ___ ___
2-5 9-5 10-4 8-7 4-8 5-9 7-11

그 화석은 다른 화석에게 화났을 때 뭐라고 말했나요?

"___ ___ ___ ___ ___   ___
 5-7 1-9 10-5 2-2 8-6   6-7

___ ___ ___ ___   ___ ___
3-4 7-5 1-7 4-8   7-4 2-10

___ ___ ___ ___   ___ ___ ___ ___
10-1 5-7 1-2 7-1   10-6 3-5 7-4 1-9

___ ___ ___."
9-6 4-12 5-8

다른 그림 찾기

서로 다른 그림을 찾아보세요.

재치 있는 영어 수수께끼

Why does a Brontosaurus have such a long neck?
브론토사우루스는 왜 그렇게 목이 긴가요?

_____

Why are Apatosaurus so slow to apologize?
아파토사우루스는 사과하는 게 왜 그렇게 느린가요?

_____

Why should you never ask a Diplodocus to read you a story?
여러분은 왜 디플로도쿠스에게 책을 읽어 달라고 하지 않나요?

_____

공통점 찾기

가로, 세로, 대각선으로 각각 어떤 공통점이 있는지 찾아보세요.
예를 들어 첫 번째 가로줄의 공룡들은 모두 뾰족한 부분이 있어요.

뒤섞인 이름들

뒤섞인 10개의 공룡 관련 단어를 올바른 순서로 빈칸에 써 보세요.
그런 다음 색깔이 있는 칸의 알파벳을 세로로 읽으면 수수께끼의 답을 알 수 있어요.

비가 올 때 공룡들은 어떻게 됐나요?

FTOOPTRIN _ _ _ _ _ _ _ _ _

HETET _ _ _ _ _

TEXTINC _ _ _ _ _ _ _

ASCRY _ _ _ _ _

GEG _ _ _

IFLOSS _ _ _ _ _ _

ESKLTEON _ _ _ _ _ _ _ _

WLAC _ _ _ _

PRHISTCIORE _ _ _ _ _ _ _ _ _ _

TPREDROA _ _ _ _ _ _ _ _

재치 있는 영어 수수께끼

How did dinosaurs tell the weather?
공룡들은 날씨를 어떻게 알까요?

_____

_____

Which dinosaur never needed rain boots?
어떤 공룡이 장화가 필요 없을까요?

_____

_____

공룡 공놀이

아래 그림에서 책 5권을 찾아보세요.

'드와이트'라는 이름의 티라노사우루스 렉스가 있었어요.
드와이트는 깨무는 힘만큼 발차기도 강했어요.
그가 공을 발로 차자 공은 담장을 넘어
보이지 않는 먼 곳까지 날아갔어요.

재미있는 사실

티라노사우루스 렉스는 무는 힘이 강했어요. 약 5,800킬로그램(5.8톤)의 무는 힘을 가졌지요.
(참고로 개의 무는 힘은 227 킬로그램이에요.)

어떤 케라톱스?

트리케라톱스(Triceratops)에서 트리(Tri)는 셋이라는 뜻이에요. 케라톱스(ceratops)는 '뿔 있는 얼굴'이란 뜻이고요. 이처럼 '케라톱스' 앞에 '트리'가 아닌 다른 단어를 붙여 준다면 재미있는 공룡 이름이 탄생할 거예요. 각 숫자 앞의 빈칸에 어울리는 이름이 쓰여 있는 알파벳을 써 보세요.

어떤 이름이 탄생할까? …케라톱스!

____ 1. 항상 인사를 잘하면?   A. Buy-ceratops 바이케라톱스(사다)

____ 2. 많은 질문을 하면?   B. Cry-ceratops 크라이케라톱스(울다)

____ 3. 파이를 많이 구우면?   C. Dry-ceratops 드라이케라톱스(건조하다)

____ 4. 부끄럼이 많으면?   D. Hi-ceratops 하이케라톱스(안녕)

____ 5. 엿보기를 잘하면?   E. Pie-ceratops 파이케라톱스(파이)

____ 6. 쉽게 울음을 터뜨리면?   F. Shy-ceratops 샤이케라톱스(수줍음을 타다)

____ 7. 방콕에 살면?   G. Sky-ceratops 스카이케라톱스(하늘)

____ 8. 천문학을 좋아하면?   H. Spy-ceratops 스파이케라톱스(스파이)

____ 9. 절대 젖지 않으면?   I. Thai-ceratops 타이케라톱스(태국)

____ 10. 쇼핑을 많이 하면?   J. Why-ceratops 와이케라톱스(왜)

흥미로운 과학적 질문들

티라노사우루스 렉스는 얼마나 빨랐을까요?

티라노사우루스 렉스는 아마 자기가 쫓는 안킬로사우루스나 오리너구리보다는 빨랐을 거예요. 하지만 이것이 티라노사우루스가 엄청나게 빨랐다는 뜻은 아니에요. 과학자들은 티라노사우루스는 전혀 빠르지 않았다고 생각해요. 최근의 연구에서는 티라노사우루스가 아예 달릴 수 없었다는 계산도 나왔어요. 몇몇 과학자들은 아마도 시간당 몇 마일은 달렸을 것으로 추정하지만 실제로 어땠는지는 아무도 몰라요.
만약 티라노사우루스가 죽은 동물을 먹는 청소부였거나 덤불 뒤에 숨어 사냥하는 사냥꾼이었다면 별로 달릴 필요가 없었을 거예요.

우리는 공룡들이 얼마나 빨랐는지 확신할 수 없어요. 몇몇 과학자들은 시간당 25마일을 달리는 공룡이 있었을 거라 생각해요. 과학자들은 화석으로 남은 공룡 발자국간의 거리를 측정해서 속도를 재요. 빠른 공룡들은 아마 타조처럼 다리가 길었을 거라 생각해요.

티라노사우루스 렉스는 왜 팔이 짧았을까요?

티라노사우루스 렉스의 팔이 길고 무거웠더라면 아마 거대한 턱 무게까지 더해서 앞쪽으로 중심이 쏠렸을 거예요. 다른 두 발 달린 공룡들처럼 머리와 꼬리를 같은 높이에 두고 걸어 다녔기 때문이지요. 마치 시소처럼요. 따라서 티라노사우루스 렉스는 팔이 짧아서 몸의 균형을 잘 잡을 수 있었어요. 티라노사우루스의 팔은 너무 짧아 서로 닿지도 않았지만 티라노사우루스가 먹이를 먹는 동안 강한 발톱으로 먹이를 잘 붙들 수 있었을 거예요.

다른 그림 찾기

양쪽 그림을 잘 살펴보고 서로 다른 그림을 찾아보세요.

똑같은 공룡 얼굴 한 쌍을 찾아보세요.

Tyrannosaurus rex

이상한 그림 찾기

우체국 그림에서 이상한 그림을 찾아보세요.

공룡들의 집 짓기

공사 현장에서 숨은 그림을 찾아보세요.

변기 뚫는 기구
plunger

파리채
fly swatter

국자
ladle

빨대
drinking straw

솔빗
hairbrush

손전등
flashlight

왕관
crown

낚싯바늘
fishhook

종이비행기
paper airplane

모자
hat

연필
pencil

도미노
(서양 놀이 기구)
domino

조각 오렌지
wedge of orange

숟가락
spoon

다이아몬드
diamond

공룡의 무게는?

왼쪽 도움말을 읽고 각 공룡들의 무게를 빈칸에 써 보세요.
가장 가벼운 공룡은 10파운드이고 가장 무거운 공룡은 46,000파운드예요.

1. 완나노사우루스가 가장 가볍고, 스피노사우루스가 가장 무거워요.

2. 이리타토르는 트로오돈보다 80배나 무거운 불카노돈의 $\frac{1}{4}$ 의 무게예요.

3. 그리포닉스는 이리타토르와 무게가 같고, 나노티라누스보다 200파운드 더 무거워요.

4. 트로오돈은 완나노사우루스보다 11배나 더 무거워요.

5. 트리케라톱스 2마리는 스피노사우루스 1마리보다 6,000파운드 무거워요.

6. 파브로사우루스는 완나노사우루스보다 5파운드 무겁고, 타와보다 51파운드 가벼워요.

완나노사우루스 _____
타와 _____
트로오돈 _____
파브로사우루스 _____
이리타토르 _____
스피노사우루스 _____
불카노돈 _____
그리포닉스 _____
나노티라누스 _____
트리케라톱스 _____

말풍선을 채워라!

말풍선에 재치 있는 대사를 넣어 보세요. 그런 다음, 정답에 있는 원래 대사도 참고하세요.

박물관과 공룡

숨은 그림을 찾아보세요.

종이비행기
paper airplane

아이스크림콘
ice-cream cone

원뿔형 도로 표지
safety cone

샌드위치
sandwich

돛단배
sailboat

파티 모자
party hat

조각 피자
slice of pizza

교통 표지
traffic sign

공룡 엑스레이

엑스레이 사진에서 아래 숨은 그림을 찾아보세요.

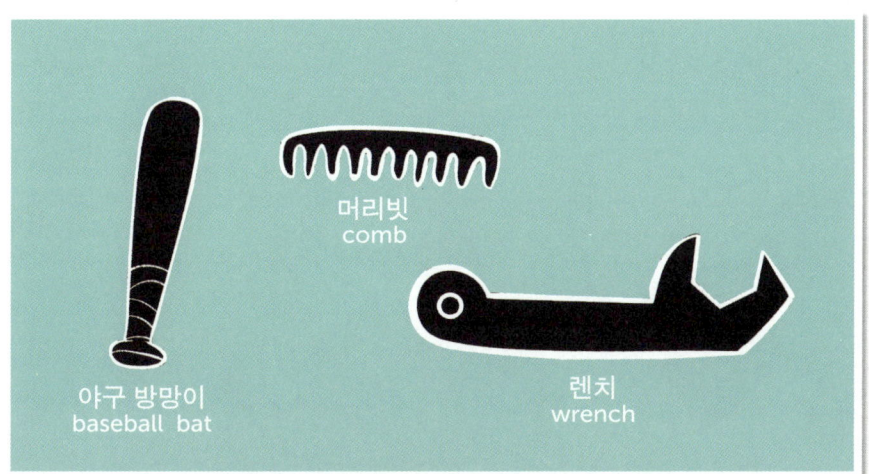

야구 방망이 baseball bat
머리빗 comb
렌치 wrench

댄스파티

똑같이 생긴 공룡끼리 짝지어 보세요.

흥미로운 과학적 질문들

트리케라톱스는 뿔로 무엇을 했을까요?

트리케라톱스는 머리에 넓은 주름 장식과 뿔이 있어요. 과학자들은 트리케라톱스가 다른 수컷 트리케라톱스와 짝을 두고 다툴 때 뿔을 사용했을 거라 생각해요. 또한 티라노사우루스 렉스 같은 육식 공룡 한두 마리를 물리칠 때도 사용했을 거예요.

어떤 공룡들이 용암 때문에 죽었어요?

공룡들은 화산이 폭발할 때 솟구쳐 흐른 용암 때문에 죽지는 않은 것으로 보여요. 그보다 화산 폭발 후 하늘을 뒤덮은 화산재에 묻혀 죽었지요. 몬태나 주에 있는 오리 부리 공룡들의 뼈 역시 화산재 아래에서 발견됐어요. 과학자들은 연구를 통해 대부분의 공룡들은 용암 때문에 죽지 않았다는 걸 알았어요.

프테로닥틸은 날개를 퍼덕이며 날았을까요, 쫙 펼친 채 날았을까요?

프테로닥틸은 주로 날개를 쫙 펼친 채 활공했지만 계속 공중에 떠 있기 위해서는 종종 날개를 퍼덕여야 했어요. 날개폭이 6미터나 되는 프테로닥틸도 있었어요! 프테로닥틸은 사실 공룡이 아니라 파충류였답니다.

하늘의 지배자

1~10까지 가리키는 알파벳을 아래 표에서 찾아 빈칸 아래의 숫자에 맞게 쓰세요.
수수께끼의 정답을 알 수 있어요.

1. **X** 위에 있는 알파벳
2. **B**의 2칸 아래 알파벳
3. 2개의 **P** 사이 알파벳
4. 마지막 줄에 있는 모음 알파벳
5. 맨 처음 나오는 알파벳
6. 두 번째 줄, 뒤에서 두 번째 알파벳
7. **K**의 2칸 아래 알파벳
8. 줄의 양끝이 똑같은 알파벳
9. 2개의 **O** 사이 알파벳
10. 같은 줄에 나란한 똑같은 알파벳

A	J	H	C	Z	M	P
V	S	A	W	K	Y	B
C	P	T	P	G	U	C
A	O	R	O	H	T	L
R	X	U	E	W	I	Z
E	Q	F	S	D	D	L

가장 무서운 선사 시대 동물은 무엇일까?

___ ___ ___
3 7 4

___ ___ ___ ___ ___ ___ - ___ ___ ___ ___ ___ ___
3 4 9 9 1 9   10 5 8 3 6 2

재치 있는 영어 수수께끼

How did the dinosaur get off the highway?
공룡은 어떻게 고속도로에서 빠져나왔나요?

_____

Why are dinosaurs no longer around?
왜 공룡들은 더 이상 주변에 없을까요?

_____

어떤 알일까?

새끼 공룡이 어떤 알에서 나왔는지 길을 따라가 보세요.

출발

공룡의 알

나란한 똑같은 알파벳을 지우고 남은 알파벳을 빈칸에
순서대로 쓰면 수수께끼가 풀린답니다.

AA TT QQ SS SH EE CC
ED LL JJ VV BB ID HH
OO UU YY NT FF WW HA
EE DD NN HH PP VE RR
SS AC XX KK HA AA GG
IR MM ZZ YY II LL OO

이구아노돈은 왜 자기 알 위에 앉았나요?

___ ___ ___ ___ ___ ___ ___ ___ ___ '
___ ___ ___ ___ ___ ___ ___ ___ ___ ___ ___ ___ ___ .

공룡 수수께끼

아래 알파벳들을 색깔별로 같은 색깔 밑줄에 순서대로 쓰세요.
그러면 '초록색 공룡을 가지고 무엇을 할까요?'라는 수수께끼의 정답을 알 수 있어요.

WURANIIPITEINTLTS

흥미로운 과학적 질문들

공룡들은 무슨 색깔이었을까요?

오랫동안 아무도 공룡의 색깔을 알 수 없었어요. 그런데 몇몇 연구에서 아직까지 보존되어 있던 공룡 깃털에 남아 있는 멜라닌의 성분을 보고 색을 알아냈어요.
예를 들어, 과학자들은 안키오르니스의 머리에는 검정, 하양, 회색이 있는 붉은 볏이 있었다는 걸 알았어요.
그러나 대부분의 경우, 화석에 피부는 남지 않았기 때문에 피부 색깔은 알 수 없어요.

그래서 누구나 현대 동물에 대해 알고 있는 것을 이용해 공룡들이 어떤 색이었는지 상상할 수 있어요. 아마도 큰 초식 공룡들의 피부색은 코끼리와 같이 밋밋했을 거예요. 숲에 숨어 사냥하는 육식 공룡들은 호랑이처럼 위장 무늬를 가지고 있었을 거고요.
아마 물방울무늬와 보라색 줄무늬를 가진 공룡들도 있었을 거예요!

재치있는 영어 수수께끼

What type of tool does a prehistoric reptile carpenter use?
선사 시대 파충류 목수는 어떤 종류의 도구를 사용하나요?
_____

What dinosaur loved playing with blocks?
블록을 가지고 노는 것을 좋아했던 공룡은?
_____

똑같은 공룡을 찾아보세요.

이상한 그림 찾기

발굴 현장에서 이상한 그림을 찾아보세요.

수수께끼 공룡 암호

각 공룡마다 알파벳이 매겨져 있어요.
빈칸에 해당 알파벳을 쓰면 수수께끼의 정답을 알 수 있어요.

1. 어떤 공룡이 팬케이크를 좋아하나요?

2. 스테고사우루스와 레몬이 만나면 뭐가 될까요?

3. 공룡이 가장 좋아하는 간식은 무엇일까요?

박물관 미로

여자아이가 티라노사우루스 렉스의 뼈가 있는 곳으로 가게 도와주세요.

똑같은 화석 한 쌍을 찾아보세요.

항상 거짓말을 하는 공룡 화석을 뭐라고 부르나요?

왜 공룡 뼈대는 사람들을 공격하지 않았나요?

따라 그리기

아래 순서대로 공룡을 따라 그려 본 뒤,
오른쪽에 여러분만의 공룡을 그려 보세요.

1.

2.

3.

4.

5.

1.
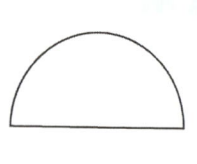

2.
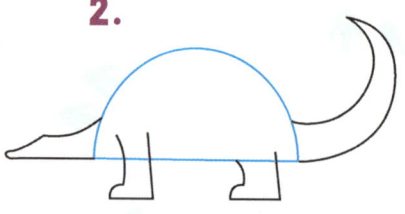

3.
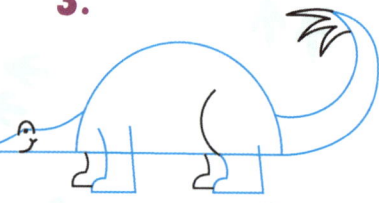

4.

5.

공룡과 함께 산책하는 법

공룡은 에너지가 많아요. 만약 키우는 공룡이 가구를 씹는 등 말썽을 부린다면 밖에 나가서 운동을 시켜야 해요.

날마다 함께 산책을 나가면 공룡이 즐거워할 거예요.

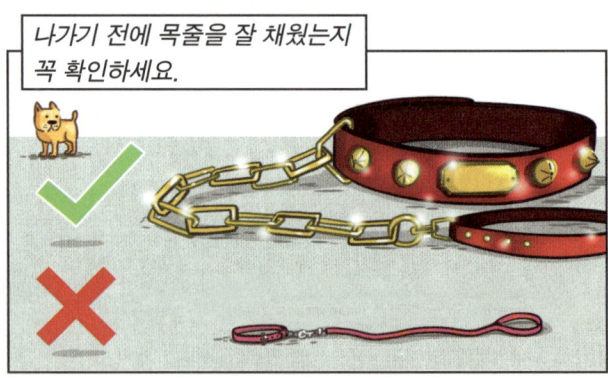

나가기 전에 목줄을 잘 채웠는지 꼭 확인하세요.

만약 공룡이 목줄을 잡아당기기 시작하면 "멈춰."라고 말하세요.

잘했을 때 칭찬용으로 간식을 충분히 가지고 다니세요.

공룡에게 어떤 행동은 되고, 어떤 행동은 안 되는지 가르치세요.

공룡이 감기에 걸리지 않게 필요한 장비를 구입하세요.

공룡이 물을 충분히 마시도록 해 주세요.

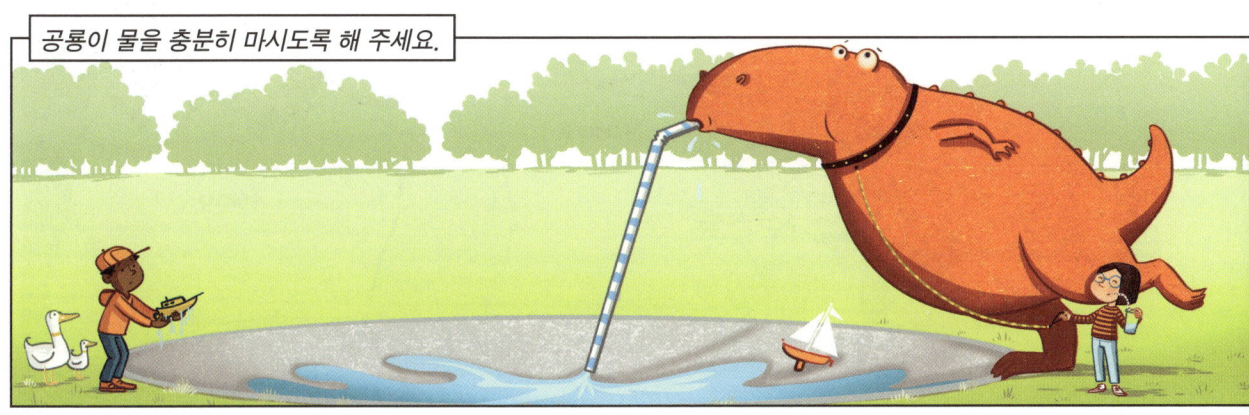

다행히 공룡은 너무 커서 잃어버릴 가능성이 적어요. 그래도 혹시 모르니 이름표가 달린 목걸이를 채워 주세요.

자, 이제 공룡과 함께 산책을 시작해 보세요!

인상적인 이름

아래 바위들에는 영어 단어들이 쓰여 있어요. 그 단어의 첫 글자로 시작하는 공룡 이름 중에 가장 짧은 이름을 가진 공룡을 2-3쪽에서 찾아보세요.

누가 공룡의 이름을 지었을까요?

Koalas
Zebras
Angry
Happy
Trendy
Yummy
Pandas
Moose
Zany

과학자들에게 내 발자국을 남겨 줘야지!

화석 발굴 현장

고생물학자들은 화석을 찾은 위치를 아래와 같이 격자를 그려 표시해요. 아래 빈 동그라미 아래에는 숫자가 2개씩 있어요. 왼쪽 숫자는 격자의 가로 숫자를, 오른쪽 숫자는 격자의 세로 숫자를 뜻해요. 두 숫자가 만나는 곳에 있는 알파벳을 빈칸에 쓰면 수수께끼를 풀 수 있어요.

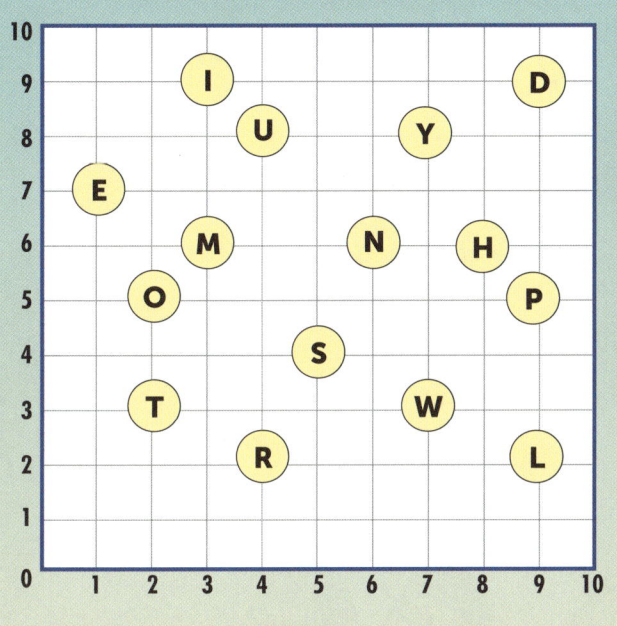

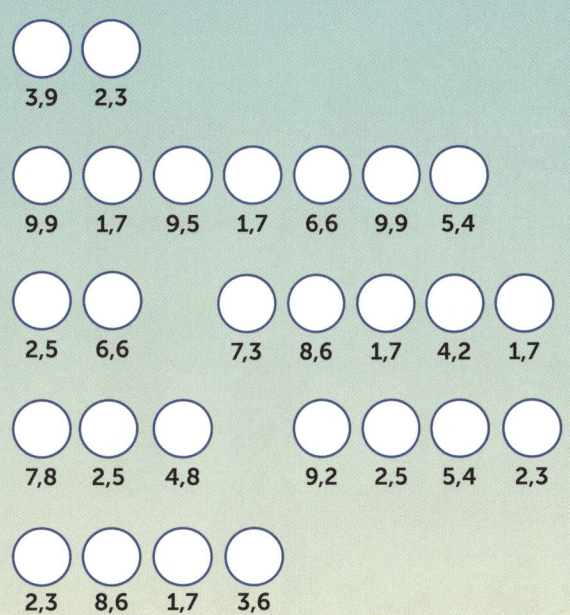

화석을 어디에서 찾나요?

○ ○
3,9 2,3

○ ○ ○ ○ ○ ○ ○
9,9 1,7 9,5 1,7 6,6 9,9 5,4

○ ○ ○ ○ ○ ○
2,5 6,6 7,3 8,6 1,7 4,2 1,7

○ ○ ○ ○ ○ ○ ○
7,8 2,5 4,8 9,2 2,5 5,4 2,3

○ ○ ○ ○
2,3 8,6 1,7 3,6

이상한 그림 찾기

박물관에서 이상한 그림을 찾아보세요.

놀이터 친구

왼쪽 영어 단어를 글에 어울리게 알맞은 빈칸에 영어로 적으세요. 각 알파벳의 밑줄 색깔에 맞춰 맨 아래 빈칸에 적으면 수수께끼의 정답을 알 수 있어요.

영어 단어

- **DROP** 떨어지다
- **TOP** 꼭대기
- **TAIL** 꼬리
- **SAIL** 항해
- **PILE** 무더기
- **SMILE** 미소
- **FUN** 재미
- **ME** 나
- **ONE** 하나
- **TREE** 나무

만약 내가 ___ ___ ___ ___ 만큼
큰 공룡을 갖고 있다면,
그 공룡은 내 친구들과 ___ ___ 에게
즐거운 놀이터가 될 거야.

우리는 사다리를 설치해서
아무도 ___ ___ ___ ___ 않게 할 거야.
그리고 나서 우리는 공룡의 등에 올라
___ ___ ___ 까지 갈 거야.

우리는 번갈아 공룡의 ___ ___ ___
끝까지 미끄러져 내려갈 거고,
재빨리 날아서 진짜 ___ ___ ___ ___ 를 할 거야.

"조심해!" 공룡이 말할 거야.
"___ ___ ___ ___ 로 내려오지 마."
"태워 줘서 고마워!"
우리는 ___ ___ ___ ___ ___ 지으며 말할 거야.

우리는 즐거운 시간을 보낼 거야.
정말 ___ ___ ___ 있을 거야.
난 공룡이 필요해.
너는 공룡 ___ ___ ___ 가지고 있니?

브론토사우루스가 놀이터에서 가장 좋아하는 것은?

글자 스도쿠

6개의 알파벳들이 아래 표의 가로 행과 세로 열에 1번씩 들어가게 칸을 채워 보세요.
큰 표 안의 2×3의 표에도 6개의 알파벳들이 모두 들어가야 해요.
그런 다음, 색깔 있는 칸의 알파벳을 맨 아래 빈칸에 쓰면 수수께끼의 답을 알 수 있어요.

수수께끼:
공룡만큼 크지만 무게는 없는 것은?

알파벳: A D H O S W

			W	D	H
			O		
				S	O
H	O				
		H			
O	S	D			

정답:

__ __ __ __ __ __

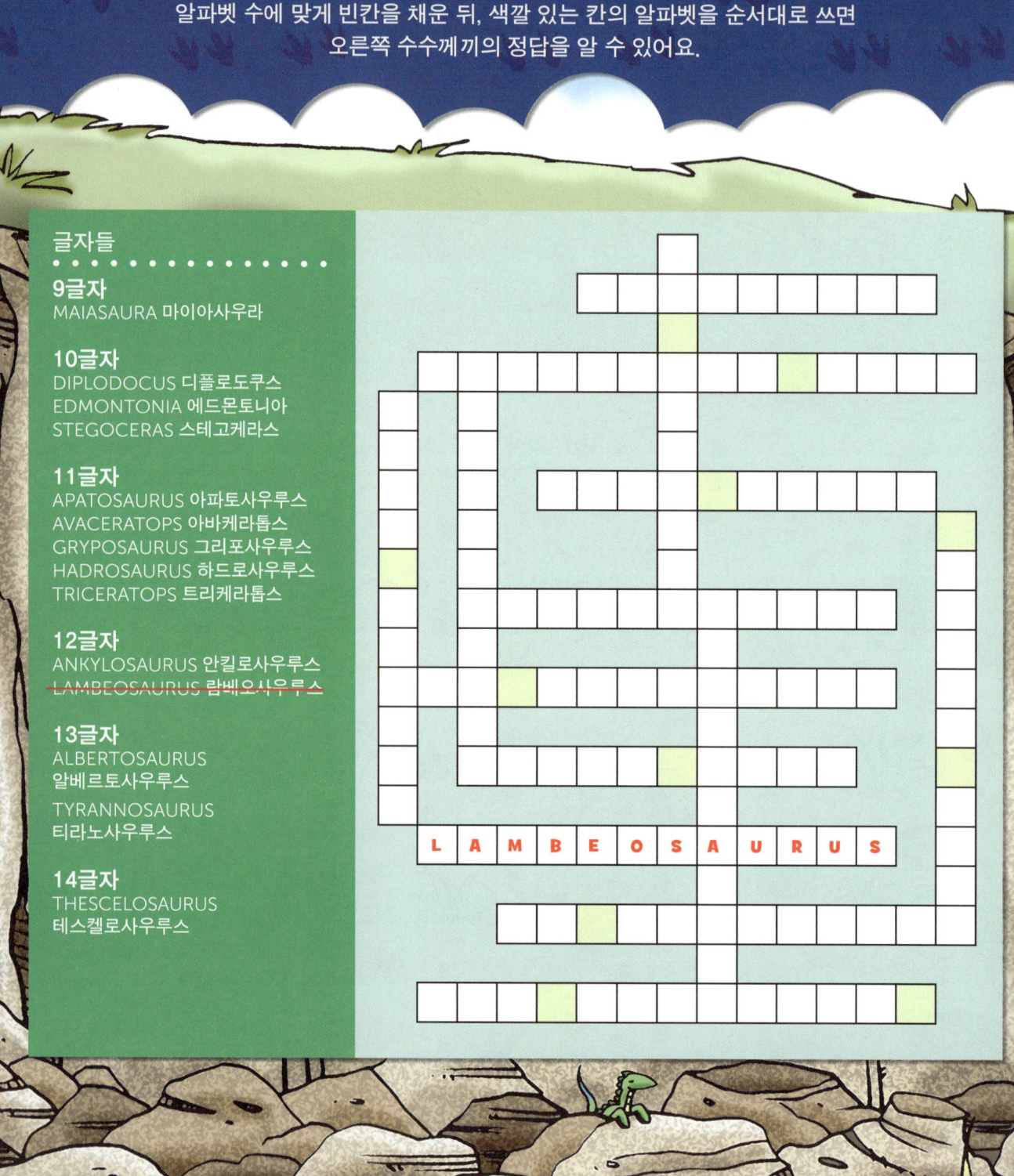

공룡은 아침 식사로 무엇을 먹을까?

_ _ _ _ _ _ _ _ - _ _ _ _ _ _

재미있는 사실

공룡이 약 2억 4천 5백만 년 전에 지구상에 처음 나타났을 때, 지구에는 판게아라 불리는 초대륙이 있었어요. 판게아는 약 1억 7천 5백만 년 전에 여러 대륙으로 갈라지기 시작했어요.

이상한 박물관 견학

아래 우스운 글을 읽고 오른쪽 그림 속에서 숨은 그림을 찾아보세요.

여러분은 옥수수사우루스가 세상에서 가장 큰 공룡인 걸 알고 있었나요? 난 그걸 오늘 박물관에서 배웠어요.

우리 반은 마을에서 내가 가장 좋아하는 장소인 탁구채 박물관에 갔어요. 나는 그곳에서 티라노사우루스 렉스가 가장 좋아하는 음식이 바삭바삭한 빗이고, 스테고사우루스는 볼링핀을 베고 말편자 위에서 자길 좋아한다는 걸 배웠지요.

박물관 견학은 종이비행기 부서장인 전구 선생님이 안내해 주었어요. 친절한 그 선생님은 딱 한 번 화를 냈는데, 빌리가 가방에서 보라색 꽃병을 꺼내 쥐라기 시대의 빵 조각에 올려놓을 때였어요.

우리는 새 옷걸이 방에서 점심을 먹었어요. 그건 새로운 경험이었지요. 그때 박물관장이 손목시계를 찬 채 촛불이 켜진 커다란 골프채를 들고 나왔어요. 박물관을 세운 지 10주년이 되는 날을 기념하기 위해서였지요. 우리 모두 함께 축하했어요.

이야기 짓기

아래 글을 읽어 보고 이야기의 끝이 어떻게 될지 상상해서 말해 보세요.

공룡 책

카를로스는 자기 전에 읽을 책을 고르고 있었어요.
그는 처음으로 티라노사우루스 렉스의 뼈를 발견했던 고생물학자,
바넘 브라운의 전기를 집어 들었지요. 그때, 카를로스는 먼지를 뒤집어쓴
처음 보는 책을 발견했어요. 그 책이 왜 거기 있는지 궁금했지요.
카를로스는 얼른 그 신비한 책을 꺼내 들고 침대로 뛰어들었어요.
그런데 카를로스가 책을 펼치기도 전에
책 표지가 벌컥 열리더니...

수수께끼 공룡 암호

각 공룡마다 알파벳이 매겨져 있어요.
빈칸에 해당 알파벳을 쓰면 수수께끼의 정답을 알 수 있어요.

1. 잠자는 공룡을 뭐라 부를까요?

2. 공룡이 내 침대에 있는 걸 발견하면 어떻게 할 건가요?

3. 공룡은 밤에 어디로 갈까요?

재미있는 사실

2004년에 중국의 과학자들은 머리를 새처럼 둥글게 말고 자는 공룡 화석을 발견했어요. 그래서 '잠을 푹 자는'이라는 뜻으로 '메이'라고 이름 지었어요.

생일 파티

파티장에서 숨은 그림을 찾아보세요.

하트
heart

벙어리장갑
mitten

조각 라임
wedge of lime

화살촉
arrowhead

막대 사탕
lollipop

반창고
adhesive

편지 봉투
envelope

조각 치즈
wedge of cheese

위시본
(새의 가슴과 목 사이 V자형 뼈)
wishbone

붓
artist's brush

도넛
doughnut

왕관
crown

티라노사우루스 렉스는 생일 때 무슨 소원을 빌었나요?

손전등
flashlight

나팔
horn

게임 말
game piece

조각 피자
slice of pizza

머리빗
comb

자석
magnet

칫솔
toothbrush

테니스공
tennis ball

조개껍데기
seashell

토마토
tomato

79

재치 있는 영어 수수께끼

Why did carnivorous dinosaurs eat their meat raw?
왜 초식 공룡은 고기를 날로 먹나요?

_____

What did dinosaurs use to make their hot dogs?
공룡들은 핫도그를 만들 때 무얼 사용하나요?

_____

화산 미로

공룡이 화산 꼭대기로 올라갈 수 있게 도와주세요.

도착

출발

공룡들의 저녁 식사

아래 글을 읽고 문제를 풀어 보세요.

스파이크, 버사, 조지, 거티는 함께 저녁 먹는 걸 좋아해요.
하지만 모두 좋아하는 파스타가 달라요.
아래 도움말을 읽고 누가 어떤 파스타를 좋아하는지
알아맞혀 보세요. 파스타 종류는 마카로니, 스파게티,
라비올리, 토르텔리니예요.

도움말

- 한 친구의 이름은 좋아하는 파스타 이름과 똑같은 알파벳으로 시작해요.
- 버사는 토르텔리니를 좋아하지 않아요.
- 라비올리를 좋아하는 공룡은 조지예요.

스테고사우르스가 부엌을 엉망으로 만들고 나서 뭐라고 했을까요?

공룡을 찾아라

아래 공룡 이름들을 양쪽 표에서 찾아 가로, 세로, 대각선으로 묶으세요.
이름의 알파벳 순서가 거꾸로 배열되어 있을 수도 있으니 참고하세요.

공룡의 이름

~~ALLOSAURUS~~
알로사우루스
ANKYLOSAURUS
안킬로사우루스
APATOSAURUS
아파토사우루스
ARGENTINOSAURUS
아르젠티노사우루스
AVIMIMUS
아비미무스
BRACHIOSAURUS
브라키오사우루스
CAMPTOSAURUS
캄프토사우루스
CORYTHOSAURUS
코리토사우루스
DIPLODOCUS
디플로도쿠스
DRYOSAURUS
드리오사우루스
GALLIMIMUS
갈리미무스
GORGOSAURUS
고르고사우루스
IGUANODON
이구아노돈
LAMBEOSAURUS
람베오사우루스
NANOSAURUS
나노사우루스

재미있는 사실

공룡을 발견한 사람은 그 공룡의 이름을 지을 수 있어요. 일반적으로 공룡의 특징을 따 이름 짓지만 장소나 사람, 다른 생물들의 이름을 따서 지을 수 있어요.

ORNITHOLESTES 오르니톨레스테스
OVIRAPTOR 오비랍토르
SAUROPOSEIDON 사우로포세이돈
SPINOSAURUS 스피노사우루스
STEGOSAURUS 스테고사우루스
SYNTARSUS 신타르수스
TRACHODON 트라코돈
TRICERATOPS 트리케라톱스
TYRANNOSAURUS REX 티라노사우루스 렉스
UTAHRAPTOR 유타랍토르
VELOCIRAPTOR 벨로키랍토르
VULCANODON 불카노돈

```
              A N O D O H C A R T
            G A L L I M I M U S B S O P
        C S O R N I T H O L E S T E S U T W O A
X S O L U C S U R U A S O N A N R P I X M R X
  S U R U A S O G E T S W U S P U K C S E H G D
  D R Y U S U R U A S O T P M A C I Y P R A E I
  F U T R O T P A R I V O W S I U D A I S G N P
  U A H U J S B W T A G W O N N M R P N U R T R
  J S O D B U G A E N E L Q O O B I U O R O I O
  L O S I X R T O A R Y F G D D R G V S U T N T
  G T A P D U R O R K X S J O I A U M A A P O P
  S A U L R A I L N G Q A S N E C A V U S A S A
  D P R O Y S C A K T O E T A S H N H R O R A R
  A U D O O E J P T X S T C O I O Q U N H U I
  R S O S E R S Q A R F A L P O D A S N A R C
        C A B A                U O S O D I A T U O
        U U M T                V R A N N O R U S L
        S R A O                A U U D S A Y K O E
        U U L P                S A R S U R T H E V
        J S D S                V S U O
                                 O A S K
```

83

공룡 스케이트보드

오른쪽 그림에서 아래 숨은 그림을 찾아보세요. 각 숨은 그림에 매겨진 알파벳을 빈칸에 적으면 수수께끼도 풀 수 있어요. 수수께끼: 뿔 3개, 큰 머리판, 그리고 바퀴 16개를 가진 것은 무엇일까?

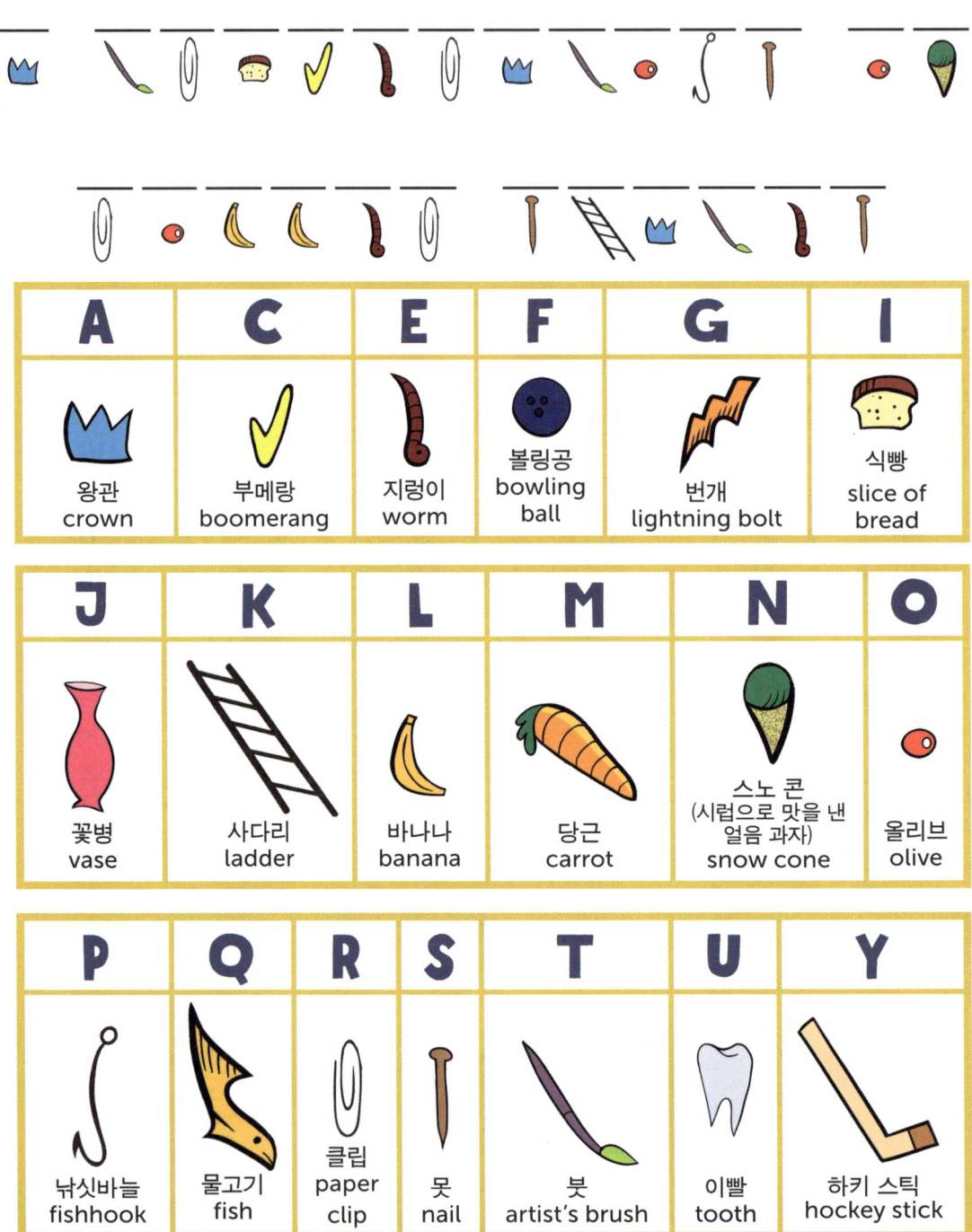

선사 시대 여행

너구리 두 마리가 미국을 여행하고 있어요.
문제를 알아맞히면서 미로를 빠져나가 보세요.

공룡 음악회

숨은 그림을 찾아 형광펜으로 색칠하세요.

 연필 pencil
 당근 carrot
 편지 봉투 envelope
 머그잔 mug
 막대 사탕 lollipop
 바퀴 wheel
 조각 피자 slice of pizza
 바나나 banana
 운동화 sneaker
 꽃 flower
 책 book
 칫솔 toothbrush
 열쇠 key
 물고기 fish
 망치 hammer
 초승달 crescent moon
 농구공 basketball
 아이스크림콘 ice-cream cone

동물원에서

그림 속에서 숫자 3과 3개씩 있는 물건들을 찾아보세요.

동물원에 뿔이 3개인 공룡이 왔어요.
그 공룡은 어디에 머물렀을까요?
자신과 비슷한 뿔이 있는 코뿔소가 있는 방에 머물렀어요.

다른 그림 찾기

선사 시대 공룡들 속에서 양쪽 그림을 잘 살펴보고 서로 다른 그림을 찾아보세요.

재미있는 대화

그림 속에서 공룡 22마리를 찾은 뒤 아래 재미있는 대화를 읽어 보세요.

한나: 세상에서 가장 긴 공룡 이름이 뭐게?
잭슨: 세렌디파케라톱스?
한나: 아니, 마이크로파키케팔로사우루스!

잭슨: 메갈로사우루스는 무게가 907킬로그램이래.
한나: 거의 1톤이네!

한나: 아파토사우루스와 디플로도쿠스의 경주에 대해 들었어?
잭슨: 응, 실력이 비슷해서 아주 아슬아슬했대!

잭슨: 공룡 입 속에 머리를 집어넣으면 무서울 것 같니?
한나: 응. 난 어두운 걸 무서워하거든.

공룡 수수께끼

각 공룡과 일치하는 색깔의 글자를 모아 조합해 보면 수수께끼의 정답을 알 수 있어요.

공룡들의 다이빙

숨은 그림을 찾아보세요.

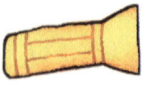
손전등
flashlight

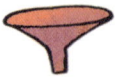
깔때기
funnel

연필
pencil

뼈
bone

톱해트
top hat

달걀프라이
fried egg

위시본
wishbone

하트
heart

재치 있는 영어 수수께끼

What was the most polite prehistoric creature?
가장 예의 바른 선사 시대 생물은 무엇인가요?

What do you do if you find a blue Ichthyosaur?
만약 파란 이크티오사우루스를 발견하면 뭘 할 건가요?

흥미로운 과학적 질문들

정말 수영하는 공룡들이 있었을까요?

물속을 헤엄쳤거나 걸었던 공룡들이 있었어요. 과학자들이 강이나 시내 바닥에서 공룡 발자국을 발견했거든요. 그런데 큰 바다에서 헤엄쳤던 생명체들은 공룡이 아니라 바다 파충류였어요. 이크티오사우루스는 돌고래처럼 생긴 파충류였어요. 플레시오사우루스는 노 같은 팔다리를 가진 커다란 수중 파충류였어요. 모사사우루스는 다리가 있어야 할 자리에 지느러미를 가진 바다 도마뱀이었어요.

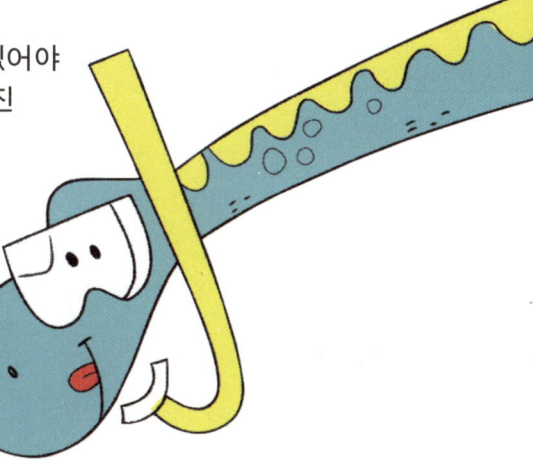

공룡의 별명

공룡들은 정식 이름 외에도 과학자들이 지어 준 별명이 있어요.
아래 16종류의 공룡들의 별명을 오른쪽 알파벳 표에서 찾아 가로, 세로, 대각선을 묶으세요.
알파벳 순서가 거꾸로 된 것도 있어요.
남은 글자들을 아래 빈칸에 순서대로 쓰면 수수께끼의 정답을 알 수 있어요.

공룡의 별명들

BABY LOUIE 베이비 루이(베이베일롱)
BIG AL 빅 알(알로사우루스)
CLIFF 클리프(트리케라톱스)
DAKOTA 다코타(에드몬토사우루스)
DIPPY 디피(디플로도쿠스)
ELMER 엘머(고르고사우루스)
ELVIS 엘비스(브라킬로포사우루스)
FRAN 프랜(아크로칸토사우루스)
GORDO 고르도(바로사우루스)
JIMBO 짐보(슈퍼사우루스)
LIZZIE 리지(하드로사우루스)
MATILDA 마틸다(디아만티나사우루스)
MAX 맥스(갈레아모푸스)
SOPHIE 소피(스테고사우루스)
SUE 수(티라노사우루스 렉스)
WILLO 윌로(테스켈로사우루스)

A	R	A	N	S	I	V	L	E
D	Y	E	T	W	H	I	I	J
L	D	N	M	I	G	U	Z	I
I	A	Y	C	L	O	O	Z	M
T	K	U	W	L	E	A	I	B
A	O	N	Y	O	I	T	E	O
M	T	B	D	I	H	F	T	D
L	A	G	I	B	P	R	F	R
B	C	E	P	A	O	A	N	O
T	U	H	P	E	S	N	A	G
S	R	Y	Y	O	U	M	A	X

귀마개를 한 슈퍼사우루스를 뭐라고 부를 건가요?

_ _ _ _ _ _ _ _ _ _ .

_ _   _ _ _ _ ,   _ _ _ _ _ .

공룡과 예술

스텔라, 엔조, 에바, 벤은 공룡 미술 대회에 참가했어요.
아래 도움말을 이용해, 누가 어떤 형식으로 어느 공룡을 표현했는지 알아맞혀 보세요.

	종이공예	포스터	모자이크	디오라마	스테고사우루스	티라노사우루스	트리케라톱스	브론토사우루스
스텔라								
엔조								
에바								
벤								

아래 도움말을 읽고 위 표에 맞으면 O, 틀리면 X를 쓰세요.

1. 엔조는 신문을 많이 써서 공룡을 표현했어요.
   그 공룡은 티라노사우루스는 아니에요.
2. 스테고사우루스 작품은 종이공예 부문에서 1등을 했어요.
   트리케라톱스 작품은 디오라마 분야에서 2등을 했어요.
3. 에바는 뿔이 세 개 달린 공룡을 표현했어요.
4. 스텔라는 초식 공룡을 색칠해서 표현했어요.

공룡 치과

치과에서 숨은 그림을 찾아보세요.

- 그믐달 crescent moon
- 빨대 drinking straw
- 고추 chili pepper
- 왕관 crown
- 머그잔 mug
- 냄비 saucepan
- 자 ruler
- 쌍안경 binoculars
- 머리빗 comb
- 나무망치 mallet
- 신발 shoe

진실 혹은 거짓

아래 문제를 읽고 진실과 거짓을 찾아보세요.

1. 티라노사우루스 렉스는 스테이크 나이프만큼 날카롭고 바나나만큼 큰 이빨을 가졌다.

   진실 혹은 거짓

2. 트리케라톱스는 가위처럼 생긴 이빨로 미술 활동을 했다.

   진실 혹은 거짓

3. 공룡 이빨 화석은 흔하다. 공룡들의 이빨은 빠지면 다시 났기 때문이다.

   진실 혹은 거짓

4. 오리 부리 하드로사우루스는 이빨이 1,000개다.

   진실 혹은 거짓

5. 어떤 공룡들은 돌을 삼켜서 소화를 도왔다.

   진실 혹은 거짓

6. 공룡 이름에서 don[돈]은 '이빨'을 의미한다. 그래서 이구아노돈과 트로오돈이 치아 교정 의사가 되었다.

   진실 혹은 거짓

7. 아파토사우루스는 이빨 요정에게 이빨을 주려고 음식을 씹지 않고 아꼈다.

   진실 혹은 거짓

칫솔 미로

이 티라노사우루스 렉스가 어떤 색깔의 칫솔을 얻을지 길을 따라가 보세요.

숨은 글자들

아래 그림에서 똑같은 책 8권을 찾아보세요. 또한 숨겨진 단어 SMART(영리한), BRAINY(똘똘한), INTELLIGENT(총명한), BRILLIANT(우수한), WISE(지혜로운), GENIUS(천재), BRIGHT(똑똑한), CLEVER(재주 있는)도 찾아보세요.

공통점 찾기

아래 전시된 공룡 뼈에는 공통점이 있어요. 가로, 세로, 대각선으로 어떤 공통점이 있는지 찾아보세요. 예를 들어 첫 번째 줄에 있는 공룡 뼈 앞에는 모두 접근 금지 줄이 쳐져 있어요.

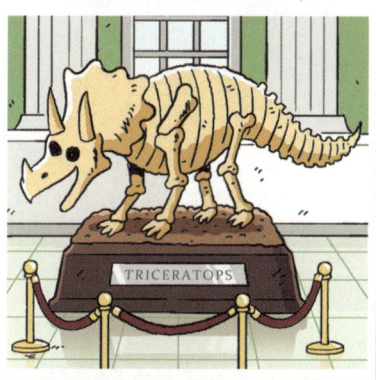  

박물관의 자선 행사에서 고생물학자가 후원자들에게 말했어요.
"좋은 소식과 나쁜 소식이 있어요. 좋은 소식은 우리가 새로운 공룡 홀을 만들 충분한 돈이 있다는 거예요. 나쁜 소식은 그 돈이 아직 여러분의 주머니에 있다는 것입니다."

맛있는 시간

숨은 그림을 찾아보세요.

아이스크림콘
ice-cream

장갑
glove

피클
pickle

나비넥타이
bow

클립
paper clip

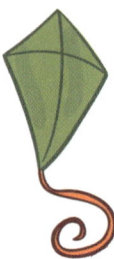
연
kite

고추
chili pepper

나비
butterfly

재치 있는 영어 수수께끼

Why did the Apatosaurus devour the factory?
아파토사우루스는 왜 공장을 집어삼켰나요?

_____

_____

Why did dinosaurs drink cold tea?
공룡들은 왜 차가운 차를 마셨나요?

_____

_____

흥미로운 과학적 질문들

공룡들은 무얼 먹었을까요?

초식 공룡들은 주로 소나무나 야자나무의 나뭇잎, 씨앗, 과일을 먹었어요. 은행나무의 열매, 양치식물, 그리고 꽃이 피는 식물들을 먹었지요.
우리가 현재 먹는 채소는 공룡 시대에는 없었어요.
육식 공룡들은 다른 공룡을 먹었어요. 주로 이미 죽은 공룡을 먹었다고 생각돼요. 작은 육식 공룡들은 곤충이나 작은 포유류, 파충류나 알을 먹었어요. 공룡 중에는 식물도 먹고 고기도 먹는 종류도 있었다고 해요.

스테고사우루스의 등의 판과 꼬리의 가시는 어떤 역할을 했을까요?

등은 판은 아마도 날씨에 따라 체온을 조절하는 역할을 했을 것으로 생각해요. 꼬리의 가시는 육식 공룡의 공격을 받아 꼬리를 휘두를 때 공격용으로 쓰였을 거고요.
스테고사우루스 같은 초식 공룡은 눈이 얼굴 양옆에 있어서 적이 어느 방향에서 오든지 쉽게 볼 수 있었어요.

가게는 어디에?

아래 도움말을 보고 공룡이 가려는 가게가 어디 있는지 알아맞혀 보세요.

1. 가게는 스테고사우루스 거리의 남쪽에 있어요.
2. 가게는 모퉁이에 있지 않아요.
3. 가게는 브라키오사우루스 거리의 북쪽에 있어요.
4. 가게의 바로 서쪽에는 파란 건물이 있어요.

재미있는 사실
콜로라도주와 유타주에는 국립 공룡 화석 유적지가 많아서 트리케라톱스 거리, 디플로도쿠스 거리같이 공룡 이름을 딴 거리 이름이 있어요.

재치 있는 영어 수수께끼

Where did the Supersaurus shop for groceries?
슈퍼사우루스는 어디서 식료품을 샀나요?

_____

Where do herbivores keep food?
초식 동물들은 어디에 음식을 보관하나요?

_____

How does a carnivore greet a herbivore?
육식동물은 어떻게 초식동물에게 인사할까요?

_____

이게 가장 큰 장화예요. 더 큰 건 없어요.

흥미로운 과학적 질문들

공룡들은 행복했을까요?

동물들이 어떤 감정을 느끼는지 우리는 잘 알 수 없어요. 우리는 고릴라가 때때로 슬퍼한다는 걸 알고 있지요. 몇몇 동물들은 몸짓으로 우리에게 감정을 전하니까요. 하지만 공룡은 고릴라보다 지능이 높지 않았기 때문에 슬픔 같은 복잡한 감정을 느끼기 어려웠을 거예요.

또한 공룡은 너무나 오래전에 살았던 동물이라 공룡이 감정을 느꼈는지 알 수 있는 증거를 찾기가 어려워요. 아마 그들은 때로 배고픔과 두려움을 느꼈을 거예요. 어쨌든 공룡들이 웃지 않았던 건 확실해요. 왜냐면 입술이 없었기 때문이지요.

공룡 놀이터

그림 속에서 이상한 그림을 찾아보세요.

공룡 분장

5명의 친구들은 핼러윈 파티에서 공룡 분장을 했어요. 아래 도움말을 이용해서 누가 어떤 색의 공룡 의상을 입고 어떤 간식을 가져왔는지 알아맞혀 보세요.

	파랑	빨강	노랑	초록	분홍	케이크	팝콘	감자칩	과일샐러드	채소샐러드
아티										
릴라										
올리버										
로렐										
피터										

공룡들은 핼러윈 사탕을 언제 먹을까요?

아래 도움말을 읽고 위 표에 맞으면 O, 틀리면 X를 쓰세요.

1. 노랑과 분홍 공룡 의상을 입은 여자아이들은 3글자로 된 간식을 가지고 왔어요.
2. 아티는 팝콘을 가지고 온 빨강 공룡에게 고맙다고 인사했어요.
3. 피터는 자신의 의상과 같은 색깔의 셀러리를 간식으로 가지고 왔어요.
4. 릴라는 케이크에 자신의 의상 색과 같은 분홍 장식을 했어요.

트리케라 누구?

트리케라톱스의 '톱스(tops)'는 꼭대기라는 뜻이에요.
이처럼 '톱스' 부분을 바꿔서 이름을 붙여 준다면 재미있는 공룡 이름이 탄생할 거예요.
각 숫자 앞의 빈칸에 어울리는 이름이 쓰여 있는 알파벳을 써 보세요.

어떤 이름이 탄생할까? 트리케라…

____ 1. 바닥을 닦는다면?

____ 2. 트램펄린에서 뛰는 걸 좋아한다면?

____ 3. 신호등을 기다린다면?

____ 4. 음식을 잘게 자른다면?

____ 5. 최고의 경찰이라면?

____ 6. 붙잡을 수 없다면?

____ 7. 뭔가 사는 걸 좋아한다면?

____ 8. 큰 칭찬을 한다면?

____ 9. 멋진 할아버지라면?

____ 10. 수영장에서 물보라를 크게 튀긴다면?

A. Tricera-chops 촙스(잘게 썰다)

B. Tricera-cops 콥스(경찰관)

C. Tricera-drops 드롭스(떨어지다)

D. Tricera-flops 플롭스(파닥거리다)

E. Tricera-hops 홉스(깡총거리다)

F. Tricera-mops 몹스(대걸레로 닦다)

G. Tricera-pops 폽스(아빠)

H. Tricera-props 프롭스(존경)

I. Tricera-shops 숍스(쇼핑하다)

J. Tricera-stops 스톱스(멈추다)

재치 있는 영어 수수께끼

Why was Barapasaurus the smartest sauropod?
왜 바라파사우루스가 가장 똑똑한 공룡일까요?

_____

Why is a volcano so smart?
화산은 왜 그렇게 똑똑할까요?

_____

Where is a dinosaur when the Christmas lights turn off?
크리스마스 불이 꺼지면 공룡은 어디에 있나요?

_____

What did the dinosaur eat after having his tooth pulled?
공룡은 이빨을 뽑은 뒤 무엇을 먹었습니까?

_____

흥미로운 과학적 질문들

공룡의 뇌는 얼마나 컸을까요?

과학자들은 공룡의 머리뼈 크기를 보고 뇌의 크기를 추측해요. 몸에 비해 뇌가 얼마나 큰지를 보고 지능을 추정하기도 하지요. 거대한 초식 공룡은 몸에 비해 작은 뇌를 가졌어요. 브라키오사우루스는 집채만 한 몸을 가지고 있지만 뇌는 레몬 크기만 해요. 아마 별로 똑똑하지 않았을 거예요. 가장 작은 육식 공룡은 꽤 큰 뇌를 가지고 있었어요. 그 당시 포유류들의 뇌보다 컸어요. 트로오돈은 열 살짜리 인간의 키에 뇌의 크기는 아보카도 씨앗만 했어요. 열 살짜리 인간의 뇌는 소프트볼만 하답니다.

말풍선을 채워라!

말풍선에 재치 있는 대사를 넣어 보세요.
그런 다음, 정답에 있는 원래 대사도 참고하세요.

재치 있는 영어 수수께끼

Why was the paleontologist's head wet?
고생물학자의 머리는 왜 젖어 있었을까요?

_____

Which scientists don't get enough sun?
어떤 과학자들이 햇빛을 충분히 못 받나요?

_____

흥미로운 과학적 질문들

공룡 뼈를 발굴할 때 과학자들은 어떤 도구를 쓸까요?

화석은 주로 바위 속에 묻혀 있다가 날씨에 의해 밖으로 노출돼요. 과학자들은 곡괭이와 송곳을 사용해 바위를 조금씩 부수어 가면서 화석을 조심스럽게 파내요. 그런 다음 화석에 붙은 작은 돌덩이들을 실험실에서 작은 도구로 없앤답니다.

진실 혹은 거짓

아래 문제를 읽고 진실과 거짓을 찾아보세요.

1. 드라코렉스 호그와트시아는 해리포터 책의 마법사 학교인 호그와트에서 따왔다.

   진실 혹은 **거짓**

2. 피사노사우루스는 피사의 탑에서 이름을 따왔다.

   진실 혹은 **거짓**

3. 웬디케라톱스는 캐나다인 화석 사냥꾼 웬디 슬로보다의 이름에서 따왔다.

   진실 혹은 **거짓**

4. 프루이타덴스는 고생물학자들이 좋아하는 과일을 따 이름 지었다.

   진실 혹은 **거짓**

5. 람플루그사우라는 램프의 갓처럼 생긴 머리 모양에서 이름을 따왔다.

   진실 혹은 **거짓**

6. 크리크톤사우루스는 쥐라기 공원이라는 책의 지은이, 마이클 크라이튼의 이름을 따서 이름 지었다.

   진실 혹은 **거짓**

여러분의 이름을 딴 공룡의 이름은 무엇일까요?

여러분의 이름을 딴 공룡을 그려 보세요.

공룡 박물관

3으로 나눠지는 숫자 칸을 지우세요. 남은 알파벳을 빈칸에 순서대로 쓰면 수수께끼의 정답을 알 수 있어요. 그런 다음, 아래 숨은 그림을 오른쪽 그림에서 찾아보세요.

7	33	25	12	23	13	66	41	37	6	11
T	Z	H	U	E	Y	I	C	A	K	N
42	17	4	21	60	28	26	24	5	29	38
P	T	A	M	X	F	F	J	O	R	D
10	9	19	90	16	41	3	62	27	14	50
N	L	E	Q	W	O	B	N	V	E	S

왜 박물관은 오래된 공룡 뼈를 가지고 있을까?

_ _ _ _ _   _ _ _ _ ' _

_ _ _ _ _   _ _ _   _ _ _ _   _ _ _ _ _ _.

숨은 그림을 찾아보세요.

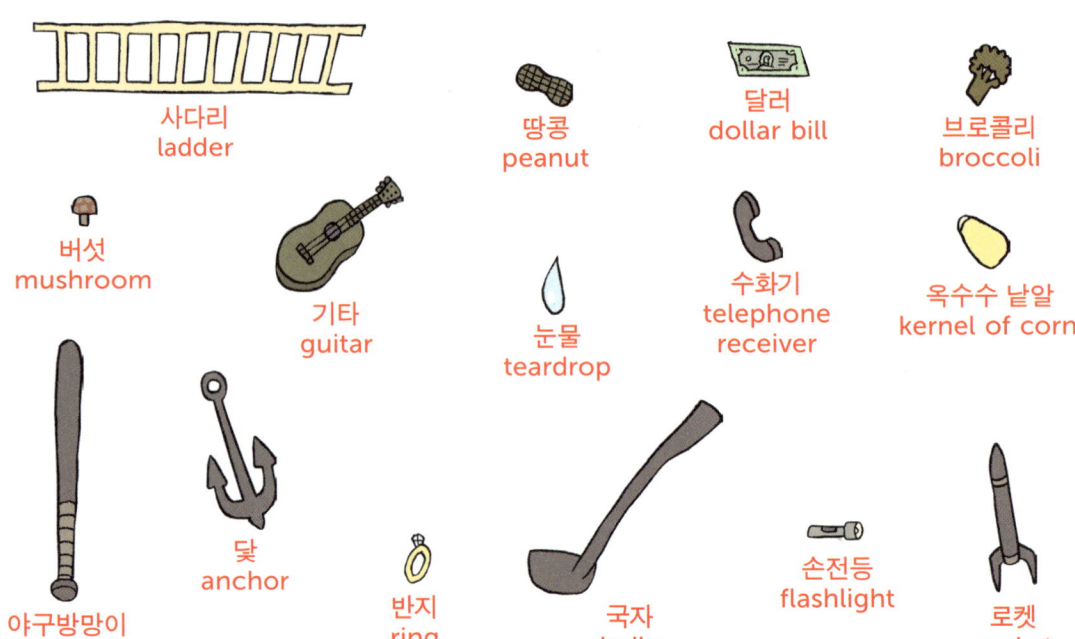

사다리 ladder
땅콩 peanut
달러 dollar bill
브로콜리 broccoli
버섯 mushroom
기타 guitar
눈물 teardrop
수화기 telephone receiver
옥수수 낱알 kernel of corn
야구방망이 baseball bat
닻 anchor
반지 ring
국자 ladle
손전등 flashlight
로켓 rocket

퍼즐을 맞출 시간

중생대는 3개의 시대로 나뉘어요. 각 밑줄의 색과 같은 색깔의 알파벳을 모아 조합하면 그 시대의 이름들을 알 수 있어요.

C J T U R R E R T I A A C A S E O S S I U I C C S

2억 5천 2백만 년 전에서 2억 1백만 년 전까지
_____

2억 1백만 년 전에서 1억 4천 5백만 년 전까지
_____

1억 4천 5백만 년 전에서 6천 6백만 년 전까지
_____

공룡의 나이는 어떻게 알아낼 수 있나요?

재치 있는 영어 수수께끼

Why couldn't the fossil go to the party?
왜 화석은 파티에 가지 못했을까요?
_____

걱정하지 마. 네 6천 6백만 년 전 이야기는 아무도 신경 안 쓸 거야.

정답

5쪽

Allosaurus 알로사우루스 = different lizard 다른 도마뱀
Brontosaurus 브론토사우루스 = thunder lizard 천둥 도마뱀
Diplodocus 디플로도쿠스 = double beam 두 배의 기둥
Maiasaura 마이아사우라 = good mother lizard 좋은 엄마 도마뱀
Microraptor 미크로랍토르 = small robber 작은 강도

Oviraptor 오비랍토르 = egg robber 알 강도
Pentaceratops 펜타케라톱스 = five-horn face 다섯 뿔 얼굴
Stegosaurus 스테고사우루스 = roof lizard 지붕 도마뱀
Triceratops 트리케라톱스 = three-horned face 세 뿔 얼굴
Tyrannosaurus 티라노사우루스 = tyrant lizard 폭군 도마뱀
Velociraptor 벨로키랍토르 = swift robber 빠른 강도

6쪽

Because dinosaur were terrible at being lizard.
왜냐하면 공룡은 도마뱀이 되는 일에 서투른 게 사실이니까.
terrible에 '끔찍한', '서투른'이라는 2가지 뜻이 있어서 만들어진 수수께끼예요.

Because he was under a lot of pressure.
그는 많은 압력 아래에 있었기 때문에.
pressure에 '압력', '스트레스'라는 2가지 뜻이 있어서 만들어진 수수께끼예요.

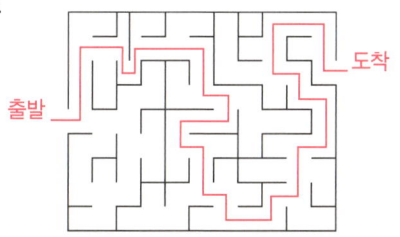

7쪽

His funny bone was missing.
그의 팔꿈치 뼈가 없어져서.

funny bone은 '팔꿈치 뼈'라는 뜻인데, '재미있는 뼈'로도 해석할 수 있기 때문에 생긴 수수께끼예요.

10쪽

1. SOAP 비누
2. RAIN 비
3. PRUNE 푸룬
4. APRON 앞치마
5. SPOON 숟가락
6. PIANO 피아노
7. INDOOR 실내
8. SUNDAE 선디
9. SPIDER 거미
10. SUNRISE 일출

Sauro-POSE-idon 사우로포세이돈
사우로포세이돈의 이름 안에 포즈(POSE:자세를 취하다)라는 단어가 들어가 있어서 생긴 수수께끼예요.

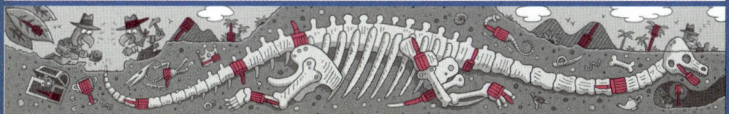

11쪽

He really looked up to him.
그는 아빠를 존경했다.

'look up to~'는 '~를 존경하다', '~를 올려다보다'라는 2가지 뜻이 있어서 만들어진 수수께끼예요. 몸집이 커다란 아빠를 아들은 올려다봐야 했을 거예요.

정답

12쪽

황제 용: DILONG 딜롱
용 발톱: DRACONYX 드라코닉스
용 사냥꾼: DRACOVENATOR 드라코베나토르
말 용: HIPPODRACO 히포드라코
상어 이빨 용: SHAOCHILONG 샤오칠롱
숨겨진 용: YINLONG 인롱

13쪽

1. J
2. A
3. B
4. F
5. H
6. I
7. E
8. G
9. D
10. C

14-15쪽

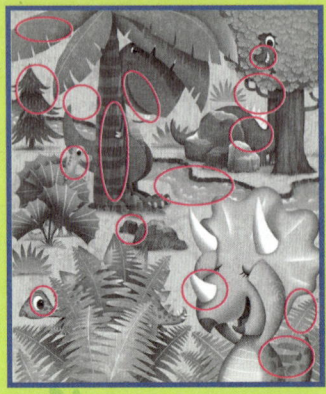

16쪽

WITH A CRANE 크레인으로.
RAISE에는 '기르다', '들어 올리다' 2개의 뜻이 있어 생긴 수수께끼예요.

THEY EGGS-IT.
EGGS-IT을 발음하면 '출구'라는 뜻의 EXIT과 발음이 비슷해서 만들어진 수수께끼예요.

17쪽

WHEN IT DRIBBLES
드리블할 때

DRIBBLE이라는 단어에 '드리블하다', '침을 질질 흘리다'라는 2가지 뜻이 있어서 만들어진 수수께끼예요.

18-19쪽

20쪽

1. 진실
2. 거짓
3. 진실
4. 진실
5. 진실
6. 진실
7. 거짓
8. 거짓

정답

21쪽

22-23쪽

A PTERODACTYL, BECAUSE THE P IS ALWAYS SILENT.
프테로닥틸, 왜냐하면 P는 항상 조용하니까.
조용한 것을 좋아하는 사서 선생님은 소리가 나지 않는 묵음인 P가 들어간 공룡을 좋아한다는 우스운 수수께끼예요.

24쪽

THE DIG-TIONARY
DICTIONARY(사전)와 DIG(땅을 파다)의 발음이 비슷해서 만들어진 수수께끼예요.

LUNCH PERIOD 점심 시대
점심시간을 가장 좋아한다는 수수께끼예요.

THE PALEONTOLOGIST WAS PICKING ON IT. 고생물학자가 자꾸 집적거려서. PICK(곡괭이질을 하다)와 PICK ON(집적거리다)를 이용해 만든 수수께끼예요.

25쪽

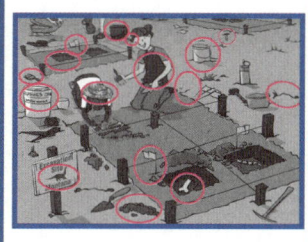

27쪽

A FLOSS-IRAPTOR
치실(FLOSS)과 공룡(RAPTOR)를 합쳐서 만든 수수께끼예요.

TOOTH OR DARE
진실을 말하거나 그러고 싶지 않으면 대신에 어려운 명령에 따르는 게임인 TRUTH OR DARE 과 비슷하게 만든 수수께끼예요. TRUTH(진실) 대신에 발음이 비슷한 TOOTH(이빨)을 넣어 만들었지요.

A DINO-SORE
SORE(아픈)과 공룡을 뜻하는 말, SAUR의 발음이 비슷한 점을 이용하여 만든 수수께끼예요.

정답

28-29쪽

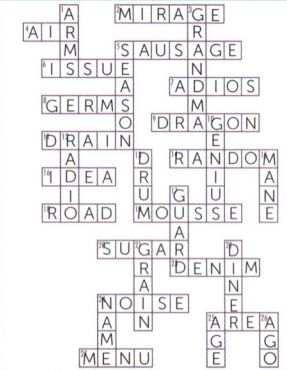

Swallow the leader 리더를 삼켜라
리더의 행동을 따라 하는 게임인
'follow the leader'와 발음이 비슷하게 만든 수수께끼예요.

They went to the jungle gym. 정글집에 갔기 때문에.
jungle gym은 놀이 기구인 '정글집'과
'정글의 체육관'이라는 2가지
뜻으로 해석할 수 있어서 만들어진 수수께끼예요.

Because they always have the most points.
왜냐하면 그들은 항상 가장 많은 점수를 가졌기 때문에.
point는 '점수', '사물의 뾰족한 끝'이라는 2가지
의미가 있어요. 스테고사우루스는 등에 이미 많은
뾰족한 판을 가졌기 때문에 만들어진 수수께끼예요.

31쪽

진짜 공룡들:
브라키오사우루스
알로사우루스
아파토사우루스
이구아노돈
메갈로사우루스
사라사우루스

가짜 공룡들:
트레이나사우루스 렉스
트리체리톱스
와이니오돈
스텔라케라톱스
이와나사우루스
테트라히드라사우루스

33쪽

A FOSSIL 화석

BONEJOUR!
프랑스어 인사는 BONJOUR예요. 뼈라는
뜻의 BONE으로 바꿔서 비슷하게 만든
수수께끼예요.

BY BONY EXPRESS
보니 빠른 우편 배달 회사를 통해.
19세기 미국에서 말을 이용해 우편물을
배달한 PONY(조랑말) EXPRESS와
비슷하게 BONY(뼈의) EXPRESS로
만든 수수께끼예요.

"I HAVE A BONE TO PICK WITH YOU."
"나 너한테 따질 일이 있어."
영어에 'HAVE A BONE TO PICK
WITH~'는 '~에게 따질 일이 있다'라는
관용구예요. 뼈(BONE)라는 말이 들어간
관용구를 이용한 수수께끼예요.

34쪽

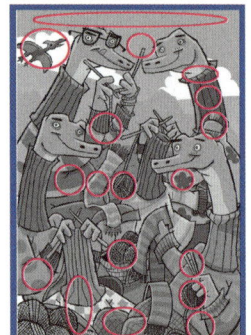

Because its feet smell 왜냐면 발에서 냄새나니까
발 냄새를 맡지 않으려고 목이 길어졌다는 우스운
수수께끼예요.

Because their tails are so long 왜냐면 그들의 꼬리가
너무 기니까
tail(꼬리)과 tale(이야기)의 발음이 같은 것을 이용하여
만든 수수께끼예요.

It take them a long time to swallow their pride.
자존심을 삼키는 데 오랜 시간이 걸려서.

35쪽

36쪽

FOOTPRINT 발자국   TEETH 이빨
EXTINCT 멸종   SCARY 무서운
EGG 알   FOSSIL 화석
SKELETON 뼈대   CLAW 발톱
PREHISTORIC 선사시대의
PREDATOR 포식자

비가 올 때 공룡들은 어떻게 됐나요?
THEY GOT WET. 그들은 젖었어요.

They looked out the window
창밖을 내다보고서

The Dryosaurus 드리오사우루스
드리오사우루스의 알파벳 이름에
Dry(건조한, 마른)라는 단어가 들어
있어서 생긴 수수께끼예요.

정답

37쪽

38쪽

1. D
2. J
3. E
4. F
5. H
6. B
7. I
8. G
9. C
10. A

40-41쪽

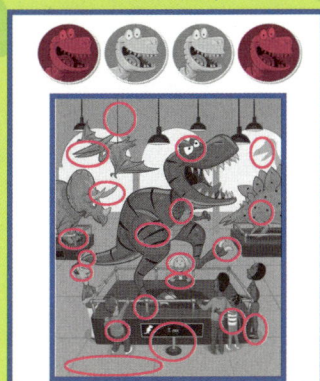

43쪽

44쪽

완나노사우루스= 10파운드
타와= 66파운드
트로오돈= 110파운드
파브로사우루스= 15파운드
이리타토르= 2,200파운드
스피노사우루스= 46,000파운드
불카노돈= 8,800파운드
그리포닉스= 2,200파운드
나노티라누스= 2,000파운드
트리케라톱스= 26,000파운드

45쪽

1. 난 쟤 머리 장식이 참 부러워.
2. 내 뾰족한 판이 막 자라났어!
3. 와, 하이파이브하자!
4. 저 공룡은 참 맛있었어.

46쪽

47쪽

정답

48-49쪽

The one with better scales.
더 나은 비늘이 있는 공룡

scale에는 '음계', '비늘'이라는 2가지 뜻이 있어 만들어진 수수께끼예요.

51쪽

가장 무서운 선사 시대 동물은 무엇일까?
THE TERROR-DACTYL

TERROR는 '공포'라는 뜻이에요. 익룡인 프테로닥틸(PTERODACTYL)과 비슷하게 만든 공룡 이름 수수께끼지요.

52쪽

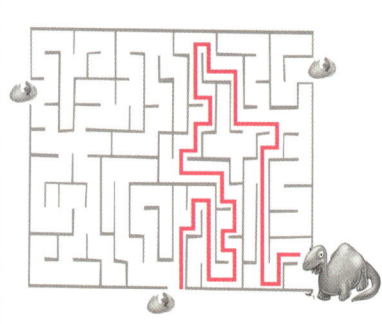

He took the eggs-it.
EXIT(출구)와 eggs-it의 발음이 비슷해서 만들어진 수수께끼예요.

Because their eggs stink.
알에서 냄새가 나서.
공룡의 멸종이 알에서 나는 냄새 탓이라는 엉뚱하고 우스운 수수께끼예요.

53쪽

이구아노돈은 왜 자기 알 위에 앉았나요?
SHE DIDN'T HAVE A CHAIR.
의자가 없어서.

54쪽

초록색 공룡을 가지고 무엇을 할까요?
WAIT UNTIL IT RIPENS.
익을 때까지 기다린다.

아직 익지 않은 초록색 과일에 빗대어 공룡에 대해 우스갯소리를 하고 있어요.

55쪽

A dino-saw
공룡을 뜻하는 영어 dinosaur의 saur가 톱을 뜻하는 영어 saw와 발음이 비슷해서 생긴 수수께끼예요.

Lego-saurus 레고사우루스
블록 놀이할 때 쓰는 레고(Lego)에 공룡을 뜻하는 saurus를 붙여서 만든 수수께끼예요.

58쪽

A TRI-SYRUP-TOPS 트리시럽톱스
팬케이크에 뿌려 먹는 시럽(SYRUP)이라는 글자를 트리케라톱스(TRICERATOPS)에 넣어 비슷하게 만든 수수께끼예요.

A DINO-SOUR
공룡을 뜻하는 DINO와 신 맛을 뜻하는 SOUR를 합쳐 만들어진 수수께끼예요.

MACARONI AND TREES
마카로니와 나무
사람들이 즐겨 먹는 마카로니앤치즈(MACARONI AND CHEESE)와 비슷하게 만든 수수께끼예요.

정답

59쪽

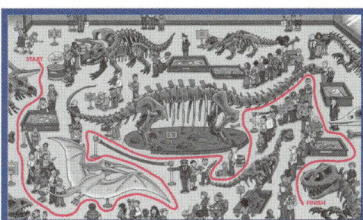

Because he had no guts. 배짱이 없어서.

guts에 '내장', '배짱(용기)'이라는 두 가지 뜻이 있어서 만들어진 수수께끼예요.

A bony phony 앙상한 가짜
비슷하게 라임을 살린 재치 있는 수수께끼예요.

64쪽

Anzu 안주 Zby 즈비
Haya 하야 Proa 프로아
Mei 메이 Yi qi 이 치
Kol 콜 Tawa 타와
Zuul 주울

누가 공룡의 이름을 지었을까요?
Their parents 그들의 엄마 아빠가.

65쪽

화석을 어디에서 찾나요?
IT DEPENDS ON WHERE YOU LOST THEM.
당신이 그것을 어디서 잃어버렸느냐에 따라 달라진다.

68쪽

TREE
ME
DROP
TOP
TAIL
SAIL
PILE
SMILE
FUN
ONE

브론토사우루스가 놀이터에서 가장 좋아하는 것은?
A DINO-SEE-SAUR 다이노 시소
DINOSAUR(공룡)의 발음과 비슷하게 SEESAW(시소)를 넣어 만든 수수께끼예요.

69쪽

70쪽

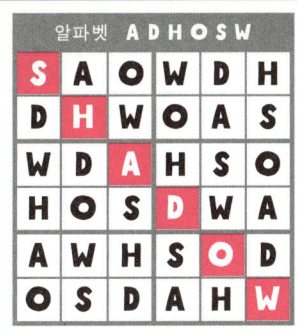

SHADOW 그림자

71쪽

정답

72-73쪽

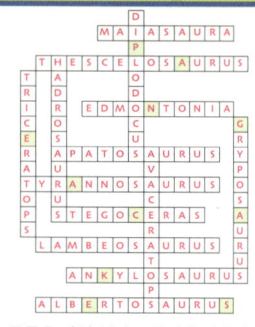

공룡은 아침 식사로 무엇을 먹을까?
PANGEA-CAKES 판게아-케이크스

75쪽

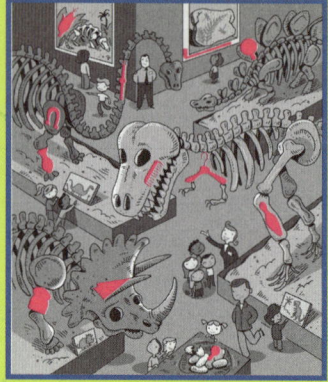

77쪽

1. 잠자는 공룡을 뭐라 부를까요?
A STEGO-SNORE-US

SNORE(코를 골다)를 넣어
STEGO(스테고)와 SAURUS(사우루스)를
합친 단어와 비슷하게 만든 수수께끼예요.

2. 공룡이 내 침대에 있는 걸 발견하면
어떻게 할 건가요?
SLEEP ON THE SOFA 소파에서 잔다.

3. 공룡은 밤에 어디로 갈까요?
TO SLEEP 잠자러.

78-79쪽

티라노사우루스 렉스는 생일 때 무슨 소원을
빌었나요?
Longer arms
팔이 더 길어지기를 빌었다.

80쪽

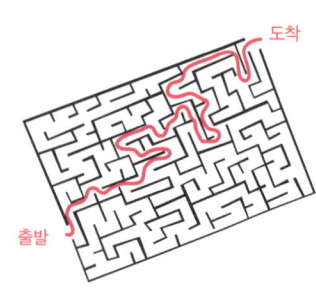

왜 초식 공룡은 고기를 날로 먹나요?
Because they didn't know how to barbecue.
바비큐하는 법을 몰라서.

공룡들은 핫도그를 만들 때 무얼 사용하나요?
Jurassic Pork 쥐라기 포크
유명 영화 Jurassic Park(쥐라기공원)와
비슷하게 만든 수수께끼예요.

81쪽

스파이크: 스파게티
버사: 마카로니
조지: 라비올리
거티: 토르텔리니

스테고사우르스가 부엌을 엉망으로
만들고 나서 뭐라고 했을까요?
I'm dino-sorry.
sorry(미안하다)를 넣어
dinosaur(공룡)와 비슷한 발음으로 만든
수수께끼예요.

정답

82-83쪽

84-85쪽

뿔 3개, 큰 머리판, 그리고 바퀴 16개를 가진 것은 무엇일까?
A TRICERATOPS ON ROLLER SKATES
롤러스케이트를 탄 트리케라톱스

86-87쪽

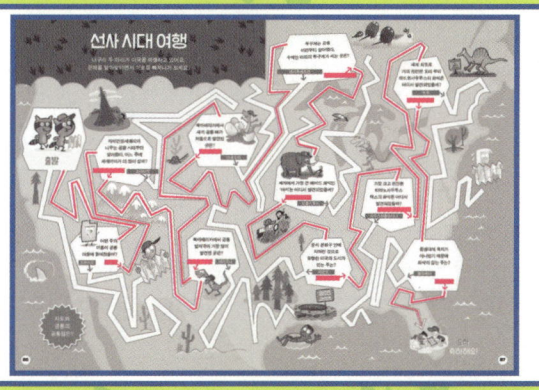

지도와 공룡의 공통점은?
BOTH HAVE SCALES.
SCALE에는 축척, 비늘이라는 2가지 뜻이 있어서 생긴 수수께끼예요.

88쪽

89쪽

90-91쪽

정답

92쪽

93쪽
STUCK 꼼짝 못 하는

"BREATHE!" "숨 쉬어!"
보통 산소가 부족할 때 얼굴색이
보라색으로 변한다고 해요. 초록색
공룡은 보라색 공룡을 보고 숨이 막혀
있다고 생각해서 숨 쉬라고 외쳤어요.

DINO-MITE 다이노-마이트
DINOSAUR(공룡)와 DYNAMITE
(다이너마이트)를 섞어서 만든
수수께끼예요.

94쪽

95쪽
가장 예의 바른 선사 시대 생물은
무엇인가요?
Please-iosaur
플레시오사우루스(Plesiosaur)의
앞부분이 Please(제발)와 발음이
비슷해 생긴 수수께끼예요.

만약 파란 이크티오사우루스를
발견하면 뭘 할 건가요?
Cheer him up 힘내
blue에는 '파란', '우울한'이라는 2가지
뜻이 있어서 생긴 수수께끼예요.

96쪽
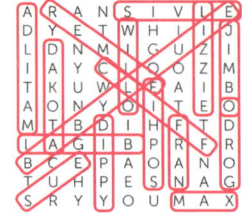

귀마개를 한 슈퍼사우르스를 뭐라고
부를 건가요?
ANYTHING YOU WANT. IT CAN'T
HEAR YOU.
아무렇게나 당신이 원하는 대로.
공룡은 (귀마개를 해서) 듣지 못하니까.

97쪽
스텔라: 포스터;
브라키오사우루스

엔조: 종이공예;
스테고사우루스

에바: 디오라마;
트리케라톱스

벤: 모자이크;
티라노사우루스

98쪽

99쪽
1. 진실
2. 거짓
3. 거짓
4. 진실
5. 진실
6. 거짓
7. 거짓

100쪽
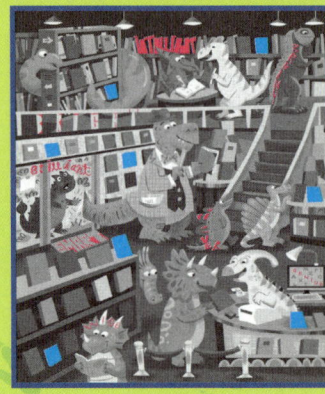

정답

101쪽

원형 받침대	접근 금지 줄	접근 금지 줄
접근 금지 줄	뾰족한 이빨	이름표
불		다리 4개
창문	원형 받침대	창문
이름표	창문	다리 4개
불	이름표	
	뾰족한 이빨	
식물	식물	원형 받침대
이름표	뾰족한 이빨	식물
불		다리 4개

102쪽

103쪽

아파토사우루스는 왜 공장을 집어삼켰나요?
Because she was a plant eater.
왜냐면 초식 동물이니까.
plant에 '식물', '공장'이라는 2가지 뜻이 있어서 생긴 수수께끼예요.

공룡들은 왜 차가운 차를 마셨나요?
Because fire wasn't discovered yet.
아직 불이 발견되지 않았으니까.

104쪽

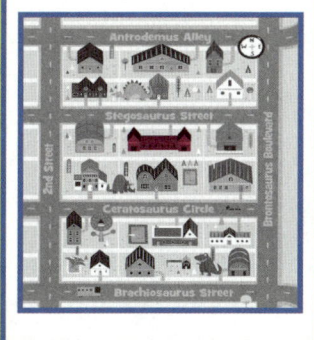

105쪽

슈퍼사우루스는 어디서 식료품을 샀나요?
At the supermarket 슈퍼마켓에서

초식 동물들은 어디에 음식을 보관하나요?
In a pan-tree
식료품 저장실인 pantry와 발음이 비슷해서 생긴 수수께끼예요.

육식 동물은 어떻게 초식 동물에게 인사할까요?
pleased to eat you.
당신을 먹어서 기쁩니다.

108쪽

아티: 파랑, 과일샐러드
릴라: 분홍, 케이크
올리버: 빨강, 팝콘
로렐: 노랑, 감자칩
피터: 초록, 채소샐러드

공룡들은 핼러윈 사탕을 언제 먹을까요?
On Chews-day
Chews(씹어 먹다)day와 Tuesday (화요일)의 발음이 비슷해서 만들어진 수수께끼예요.

109쪽

1. F
2. E
3. J
4. A
5. B
6. C
7. I
8. H
9. G
10. D

110쪽

왜 바라파사우루스가 가장 똑똑한 공룡일까요?
Because it has four A's and one B
왜냐면 A가 4개이고 B가 1개이니까.
바라파사우루스의 철자에는 A가 4개에 B가 1개예요.
학교의 최고 점수인 A와 그 아래 점수인 B를 많이 받았다며 만든 우스운 수수께끼예요.

화산은 왜 그렇게 똑똑할까요?
I has more than 2,000 degrees!
degree에는 온도를 나타내는 '도'와 '학위'라는 2가지 뜻이 있어 생긴 수수께끼예요.

크리스마스 불이 꺼지면 공룡은 어디에 있나요?
In the dark.
어둠 속에.

공룡은 이빨을 뽑은 뒤 무엇을 먹었습니까?
The dentist!
치과 의사!

127

정답

111쪽

1. 저건 알로사우루스 켄타우루스야! 저건 티라노사우루스 메이저고!
2. 어이쿠, 몸조심하세요!
3. 난 트램펄린 처음 타 봐.
4. 날 속일 생각 마. 네가 누군지 알고 있어.

112쪽

고생물학자의 머리는 왜 젖어 있었을까요?
She had a brainstorm 뇌에 폭풍을 맞아서.
자유롭게 토론하는 '브레인스토밍(brainstorming)'과 글자 그대로 '뇌 폭풍' 2가지로 해석할 수 있는 점을 이용한 수수께끼예요.

어떤 과학자들이 햇빛을 충분히 못 받나요?
Pale-eontologists
고생물학자(paleontologist)의 철자에 pale(창백한)이라는 영어단어가 있어서 생긴 수수께끼예요.

113쪽

1. 진실
2. 거짓
아르헨티나 고생물학자 후안 피사노(Juan Pisano)의 이름에서 따왔어요.
3. 진실
4. 거짓
그 공룡 화석이 발견된 콜로라도주의 프루이타(fruita) 지방의 이름에서 따왔어요.
5. 거짓
영국 고생물학자인 파멜라 램플러그(Pamela Lamplugh)의 이름에서 따왔어요.
6. 진실

114-115쪽

왜 박물관은 오래된 공룡 뼈를 가지고 있을까?
THEY CAN'T AFFORD NEW ONES.
새로운 것을 살 형편이 안 되어서.

116쪽

TRIASSIC 트라이아스기
JURASSIC 쥐라기
CRETACEOUS 백악기

공룡의 나이는 어떻게 알아낼 수 있나요?
You go to its birthday party.
그 공룡의 생일 파티에 가서.

왜 화석은 파티에 가지 못했을까요?
He had nobody to go with.
같이 갈 누군가가 없어서.